Cynnwys

Cyflwyniad 4

Gŵyl Ddewi Ddoe 7
Dechrau'r Dathlu 8
Eglwysi Eraill sy'n Dilyn Dewi 14
Apêl Dewi wrth Recriwtio at y
Rhyfel Byd Cyntaf 16
Gŵyl Ddewi'r Wasg 18
Ymgyrch Lyfrau
Urdd Gobaith Cymru 24
Helynt yng Nghaernarfon 28
Mawrth y Cyntaf, 1969 34

Symbolau a Thraddodiadau 37
Y Ddraig Goch a Baner Dewi Sant 38
Y Wisg Gymreig 42
Cenhinen neu Gennin Pedr? 46
Dydd Gŵyl Dewi mewn Ysgolion 50
Barddoniaeth 56
Diwrnod y Newyddion Da
Cymreig 62

Gŵyl ... 67
... 68
Unol Daleithiau America 72
Patagonia 74
Rhydychen 78
Dewi yn Disneyland 82

Gŵyl Ddewi Heddiw 85
Gorymdeithiau . . . neu Barêds? 86
Dathliadau Caerdydd 88
Anthem Newydd Dydd Gŵyl Dewi 90
Baneri Sirol 92
Parêd Aberystwyth 96
Parêd Pwllheli 98
Tapas Llŷn 100
Cystadleuaeth Ffenestri Siopau
Cân i Gymru 102
Gŵyl Ddewi – Gŵyl Banc? 104

Cydnabyddiaeth 107

Cyflwyniad

Sut byddwch chi'n dathlu Dydd Gŵyl Dewi? Efallai drwy wisgo cenhinen 'yn dy gap' ac 'yn dy galon', neu drwy 'wneud y pethau bychain'. Efallai eich bod yn un o'r rhai sy'n mwynhau swpera mewn gwesty crand fel ffordd o ddathlu, neu'n mynychu eisteddfod mewn neuadd bentref fechan. Efallai'n wir fod yn well gennych chi aros gartref i fwyta cawl cennin wrth wylio *Cân i Gymru*, a dweud eich dweud ar trydar, wrth gwrs!

Mae Mawrth y cyntaf yn ddiwrnod arbennig yng Nghymru ac i'r Cymry ar wasgar ledled y byd ers canrifoedd, ac mae nifer o draddodiadau ac arferion yn gysylltiedig â'r ŵyl. Serch hyn, mae traddodiadau'n newid, a thraddodiadau newydd yn cael eu ffurfio trwy'r amser, ac mae hynny'n beth pwysig os am gadw'r dathliadau'n fyw ac yn berthnasol i'r unfed ganrif ar hugain.

Sut bynnag fyddwch chithau'n dewis dathlu, dyma gyfrol i esbonio ychydig ar yr hanes y tu ôl i rai o'n traddodiadau a'n harferion, ac i edrych yn agosach ar sut mae gŵyl ein nawddsant yn cael ei dathlu heddiw.

Cerflun Dewi a'r golomen chwedlonol a ddisgynnodd ar ei ysgwydd – Eglwys Dewi Sant, Tywyn, Meirionnydd

Cerfluniau Dewi Sant: Tyddewi a
Neuadd y Ddinas, Caerdydd

Gŵyl Ddewi Ddoe

Dechrau'r Dathlu

Does dim dwywaith fod dydd ein nawddsant yn ddyddiad pwysig yng nghalendr y Cymry bellach, ond pryd yn union ddechreuodd y dathliadau?

Er mai yn y chweched ganrif roedd Dewi'n byw a phregethu, mae bron bopeth a wyddom amdano'n tarddu o fywgraffiad, neu 'fuchedd', ysgrifennodd yr ysgolhaig Rhigyfarch am Dewi yn 1100. Yn ôl Rhigyfarch, oedd hefyd yn esgob ar Dyddewi, bu farw Dewi ar Fawrth y cyntaf, 589, ac felly dyma'r rheswm dros ddyddiad ein dathliadau.

Yn y cyfnod yma hefyd y dechreuwyd sôn am Dewi fel arweinydd ysbrydol Cymru. Credir fod y gerdd *Armes Prydein* yn dyddio o'r ddegfed ganrif, ac mae'n sôn am uno'r Cymry, y Llychlynwyr, y Gwyddelod a'r Cernywiaid, gan broffwydo buddugoliaeth fawr iddynt yn erbyn y Saeson. Mae'r gerdd yn trafod ailgodi baner, neu luman, Dewi Sant, a gyrru'r Saeson o Ynys Brydain:

A lluman glân Dewi a drychafant
y tywyssaw Gwydyl trwy lieingant

Tyfodd enwogrwydd Dewi ymhellach gyda datganiad gan y Pab Calixtus II yn 1120 fod dwy bererindod i gadeirlan Tyddewi yn

Argraffiad o Buchedd Dewi

Ffenestri lliw Dewi Sant a Non ei fam yn Eglwys Gadeiriol Tyddewi

SAINT NON

gyfystyr ag un ymweliad â Rhufain mewn gwerth ysbrydol. Daeth y gadeirlan yn ganolbwynt i bererindodau ym Mhrydain, gyda'r brenin Edward a'r brenin Harri II ymysg y rhai a wnaeth y siwrne.

Gan mai Cymro oedd Harri Tudur, galwodd ar y Cymry i sefyll gydag ef pan ddychwelodd o Lydaw i herio Richard III am y goron yn 1485, gan ymladd o dan faner y ddraig goch. Pan lwyddodd, a dod yn frenin, roedd y llys brenhinol yn dathlu Dydd Gŵyl Dewi'n flynyddol. Mae sôn iddo wario £2 ar wledd un flwyddyn, oedd yn ffortiwn anferth yn y dyddiau hynny!

Fodd bynnag, pan ddaeth y diwygiad crefyddol yn 1536 roedd tipyn llai o gefnogaeth i ddathliadau Gŵyl Dewi gan fod addoli seintiau'n llai derbyniol gan y Protestaniaid a'u trefn grefyddol newydd. Mae tipyn o gofnodion mewn dyddiaduron a dramâu o'r cyfnod yn sôn bod y Cymry a'u dathliadau Gŵyl Dewi yn destun sbort. Tawelu wnaeth y dathlu dros y ddwy ganrif nesaf, a phrin oedd y sôn am Ddewi

Olion y parch a roddid i Non, mam Dewi:
1. Allor a chanhwyllau yn Eglwys Tyddewi;
2. Olion Capel Non o gyfnod y pererinion;
3. Ffynnon Non ger Tyddewi

Croes y pererinion ar sgwâr Tyddewi

fel nawddsant Cymru nes y ddeunawfed ganrif.

Cyhoeddi bywgraffiad yn clodfori Dewi yn Nulyn yn 1704 oedd y sbardun i ailgynnau diddordeb y Cymry yn eu nawddsant. Erbyn canol y ganrif roedd rhai cymdeithasau yn cyfarfod i ddathlu Mawrth y cyntaf gyda chanu a phregethu, ac erbyn y bedwaredd ganrif ar bymtheg roedd amryw o gyfarfodydd yn cael eu cynnal i ddathlu Dewi ledled Cymru – ac mewn amryw o ddinasoedd yn Lloegr a'r Unol Daleithiau.

Erbyn heddiw, caiff Dydd Gŵyl Dewi ei ddathlu mewn amryw o ffyrdd creadigol – eisteddfodau, swperau a chyfarfodydd, ond hefyd cystadlaethau difyr, teithiau tramor a pharêds di-ri.

A hithau bellach yn 1500 o flynyddoedd, bron, ers cyfnod Dewi, a bron yn fil o flynyddoedd ers cofnodion Rhigyfarch o fywyd y sant, tybed beth fyddai'r ddau yn feddwl o'r holl ddathliadau sydd i'w gweld erbyn heddiw?

Eglwys Gadeiriol Tyddewi

Eglwysi Eraill sy'n Dilyn Dewi

Mae rhai eglwysi yn gysylltiedig â hanesion am Ddewi yn ystod ei oes ei hun. Mae stori'r ddaear yn codi dan ei draed wrth iddo bregethu yng Ngheredigion yn enghraifft dda. Sefydlwyd eglwys ar y bryn hwnnw yn Llanddewibrefi ac mae'r stori yn fyw iawn yno hyd heddiw. Ymledai ei ddylanwad i ardaloedd anghysbell ym Maesyfed a thros y ffin i rannau o swydd Henffordd.

Fel un o seintiau'r Eglwys Geltaidd, byddai Dewi'n croesi'r môr i ymweld â chymunedau Cristnogol eraill. Mae eglwysi iddo yn Iwerddon a Llydaw. Yn naturiol, bydd yr eglwysi hyn i gyd yn cynnal gwasanaethau arbennig ar Fawrth y cyntaf.

Hyd heddiw, mae enw Dewi'n gysylltiedig ag amryw o gapeli ac eglwysi, ac mae dros hanner cant o sefydliadau Cristnogol yn dwyn ei enw ledled y byd.

Llanddewibrefi, Ceredigion

1. Rhulen, Maesyfed;
2. Llanddewi Cil Peddeg, Henffordd;
3. Ffynnon Dewi, Dirinonn, Llydaw;
4. Capel Dewi yn Ploneour-Menez, Llydaw;
5. Eglwys Dewi, Moreton-in-Marsh, Lloegr.

Apêl Dewi wrth Recriwtio at y Rhyfel Byd Cyntaf

Ar ddechrau'r ymgyrch recriwtio i gymell llanciau i ymuno â'r fyddin i fynd i ymladd yn y Rhyfel Byd Cyntaf, gwan oedd yr ymateb yng Nghymru. Ym Mai 1915, datganodd un papur newydd fod 30,000 o daflenni recriwtio wedi'u dosbarthu mewn ffeiriau cyflogi amaethyddol yn Sir Gaernarfon – a dim ond 23 o recriwtiaid a gafwyd. Taflenni bygythiol, yn ceisio codi cywilydd ar fechgyn oedd y rheiny. Roedd yn amlwg nad oedd y dacteg honno'n gweithio.

Yn ystod y cyfnod recriwtio, dysgwyd i ddefnyddio hanes ac egwyddorion Cymreig i ddenu'r Cymry ifanc i wisgo lifrai. Areithiai John Morris-Jones gan ddefnyddio Llywelyn ein Llyw Olaf ac Owain Glyndŵr fel enghreifftiau clodwiw o Gymry a fu'n barod i ruthro i'r gad dros eu gwlad. Argraffwyd cyfieithiad Cymraeg o araith danllyd Lloyd George ar 'The Rights of Small Nations'.

Cyfieithwyd cân bropaganda i'r Gymraeg – 'Dewch Ymlaen, Oni Chlywch?' – ac aeth y Brigadydd-Gadfridog Owen Thomas i drefnu perfformiad ohoni gan gôr milwrol yn ystod Gorymdaith Llandudno, Gŵyl Ddewi 1915. Roedd gwladgarwch Cymreig yn cael ei ddefnyddio i'r eithaf yn y sioe fawr honno ar bromenâd mawreddog Llandudno. Chwifiwyd y Ddraig Goch ym mhobman, meddai'r *North Wales Chronicle*, ac roedd y milwyr arfog i gyd yn gwisgo cenhinen yn eu capiau. Roedd y Corfflu Cymreig newydd ei sefydlu ac roedd prif symbylydd hwnnw – Lloyd George, y Canghellor ar y pryd – yn Llandudno i wylio gorymdaith y rhengoedd oedd yn cynnwys pum mil o filwyr.

Heidiodd miloedd ar drenau i Landudno i wylio'r olygfa. Cynigiodd y papur newydd fod y Rhyfel Mawr yn gydnaws â phregethau Dewi Sant, gan mai rhyfel dros heddwch oedd hwn.

Beth bynnag fo cymhelliant y rhai o Gymru aeth i ymladd dros eu gwlad, diweddglo trist yr hanes hwn oedd y golled enfawr i'r genedl; lladdwyd 35,000 o ddynion ifanc ar faes y gad.

Y dyfyniad o dan y cartŵn recriwtio hwn o un o bapurau newydd de Cymru, Gŵyl Ddewi 1916 yw 'Saint David: "Welshmen always March the First."'

Gŵyl Ddewi'r Wasg

Roedd y wasg Gymraeg ar ei hanterth ddiwedd y bedwaredd ganrif ar bymtheg a dechrau'r ugeinfed ganrif, gydag amrywiaeth eang o bapurau newydd cenedlaethol a lleol, yn ogystal â chylchgronau'n cael eu cyhoeddi. Yn anffodus, wrth i'r radio a'r teledu, ac yna'r rhyngrwyd ddod yn fwyfwy poblogaidd fel ffyrdd o gael newyddion, dirywio wnaeth y diwydiant print yng Nghymru, a bellach *Y Cymro* yw'r unig bapur newydd cenedlaethol Cymraeg sy'n dal i fod mewn bodolaeth.

Fel y papurau newydd eraill, byddai'r *Cymro* yn rhoi tipyn o sylw i ddathliadau Dydd Gŵyl Dewi yn ei rifynnau wythnosol ddechrau Mawrth bob blwyddyn. Byddai cymdeithasau ledled Prydain yn gyrru adroddiadau o'u swper Gŵyl Ddewi blynyddol (a nifer o'r rhain yn ddathliadau mawreddog, llawn pwysigion), a chrynodeb o'r areithiau a roddwyd. Wrth droi tudalennau'r hen rifynnau, mae hefyd nifer o straeon newyddion difyr i'w darllen bob Gŵyl Ddewi. Dyma edrych ar rai o'r uchafbwyntiau dros y blynyddoedd.

Mae'n amlwg fod un colofnydd yn 1934 wedi dechrau blino ar areithiau diflas gan ddynion mewn swperau Gŵyl Ddewi. Yn y golofn 'Oddi wrth ferch i ferch', bu'r awdur yn dadlau ei bod hi'n hen bryd i ferched ddechrau cyfrannu, gan y 'gallai'r merched roi tipyn o fywyd newydd yn nathliad Gŵyl Ddewi'. Rhestrodd amryw o ferched dawnus a gwybodus fyddai'n dda am roi areithiau – Miss Gwyneth Ellis-Davies oedd mewn partneriaeth fel cyfreithiwr gyda'i thad a'i brawd, Miss Magdalen Morgan oedd yn awdurdod ar hanes, a'r awdures Kate Roberts i siarad ar lenyddiaeth Cymru, i enwi llond llaw. Ysgwn i a gafodd yr awdur wireddu breuddwyd a chael gwrando ar ferch yn areithio y flwyddyn ganlynol, yn hytrach na gwrando ar yr 'un hen duth' gan ddynion?

Mae'n rhaid bod 1934 wedi bod yn flwyddyn gythryblus i brydau dathlu'r ŵyl, felly – mae'r rhifyn hefyd yn cynnwys erthygl yn cwyno am 'ginio di-drefn eto yng Nghaerdydd'. Y broblem yn y cinio

Tudalen flaen Y Cymro, *diwedd Chwefror 1956*

FRIDAY, FEBRUARY 26, 1954

Y CYMRO
(THE WELSHMAN)
THE NATIONAL WELSH NEWSPAPER
Rhif 2,009   DYDD GWENER, CHWEFROR 26, 1954   Pris 3c.

CYMRU
Am Byth

CYMRO
Am Byth

Y CYMRO

yma oedd fod y cantorion wedi mynd ar streic am na chafon nhw ganu ar y raglen radio BBC oedd yn cael ei darlledu o'r cyngerdd. Pam? Gan fod un o'r siaradwyr wedi rhygnu ymlaen yn rhy hir o lawer, gan wneud i bopeth redeg yn hwyr. Efallai fod awdur colofn 'Oddi wrth ferch i ferch' yn iawn yn dweud ei bod hi'n hen bryd newid y drefn, felly!

Serch hyn, bu'n rhaid disgwyl cryn dipyn nes i'r papur ddewis anrhydeddu dynes fel rhan o'i arfer blynyddol ar Ŵyl Ddewi. Bob blwyddyn, byddai'r *Cymro* yn dewis anrhydeddu Cymro neu Gymraes am eu gwasanaeth i Gymru. Nansi Richards, 'Telynores Maldwyn' oedd y ddynes gyntaf i dderbyn y wobr hon, a hynny yn 1960.

Yn ogystal ag anrhydeddu mawrion ein cenedl ac adrodd am swperau dathlu'r ŵyl, roedd hi hefyd yn arfer gan *Y Cymro* gynnal cystadleuaeth ysgrifennu traethawd i blant. Roedd y niferoedd oedd yn cystadlu yn y 1930au yn uchel iawn, a'r cystadleuwyr yn cael eu dosbarthu yn ôl oed. Lizzie Olive Morgan o Gaerfyrddin oedd yn fuddugol yn y dosbarth i'r rhai

Nansi Richards, Telynores Maldwyn

dros 11 oed yn 1935, gan ennill *fountain pen* am ei thraethawd ar Dewi Sant, a gyhoeddwyd yn y papur fel rhan o'i gwobr.

Ym mlynyddoedd y rhyfel, roedd y papur yn ceisio cynnwys lluniau a straeon o Gymry'n dathlu ledled y byd tra eu bod nhw yn y fyddin. Yn 1943, roedd llun i'w weld o filwyr yn Gibraltar gyda baner y Ddraig Goch. Llun o ddynes yn y wisg draddodiadol yn rhoi cennin i filwyr yn Ffrainc a welwyd yn 1944, ac roedd y rhifyn hwn hefyd yn cynnwys hanes y dathliadau yn yr Aifft. Gwahoddwyd y milwyr yno i gyfrannu at wasanaeth Dydd Gŵyl Dewi arbennig yng Nghairo, lle bu un yn adrodd y pennill yma:

Pe meddwn aur Periw
A pherlau'r India bell,
Mae bwthyn bach yng Nghymru wen
Yn drysor canmil gwell.

Er i'r rhyfel ddod i ben yn 1945, roedd ei effaith ar ddathliadau Gŵyl Ddewi i'w gweld hyd 1948. Y flwyddyn honno, ceid hanes Almaenwr o'r enw Mr Schmidt yn arwain y cyfarfod Dydd Gŵyl Dewi yn Nefyn, ac yntau wedi bod yn garcharor rhyfel yn y gwersyll yno. Roedd yn siarad

Almaeneg, Ffrangeg, Eidaleg, Saesneg, Rwsieg a Sbaeneg, ond wedi iddo gael gwersi yn iaith y nefoedd gan un o ferched y pentref, mynnodd fod y Gymraeg yn iaith 'dra gwahanol'.

Roedd ymwelydd arall o wlad bell yn cael sylw yn 1956, sef Mr Obiago o Nigeria, oedd ar ymweliad â Phen-y-groes yn Nyffryn Nantlle. Roedd Mr Obiago yn orsaf-feistr yn Jos, prifddinas ardal y mwynfeydd yn y wlad, ac wedi dod i astudio gwaith y Rheilffyrdd Prydeinig. Cyhoeddwyd llun ohono'n sefyll wrth arwydd 'Croeso i Gymru' yn y pentref, ond er iddo gael croeso gwresog, roedd yn dweud fod Pen-y-groes yn 'oer ddychrynllyd'!

Cyhoeddiad arall fu'n rhoi cryn sylw i Ddydd Gŵyl Dewi dros y blynyddoedd oedd cylchgrawn *Cymru'r Plant*, a sefydlwyd gan O. M. Edwards yn 1892. Dyma gylchgrawn oedd yn gwerthu 40,000 copi y mis ar ei anterth – y cylchgrawn mwyaf llwyddiannus erioed yn hanes Cymru.

O dan arweiniaeth mab O. M. Edwards, Ifan ab Owen Edwards, tyfodd y pwyslais ar Gymreictod a hunaniaeth yn nhudalennau'r cylchgrawn, yn enwedig ar Ddydd Gŵyl Dewi. Byddai rhifyn mis Mawrth fel arfer yn cynnwys darlun trawiadol o ryw elfen o Gymreictod ar y clawr.

Ifan ab Owen Edwards oedd sylfaenydd Urdd Gobaith Cymru, ac ym mis Mawrth 1932 cafwyd erthygl yn dathlu fod nifer aelodau'r mudiad wedi cyrraedd dwy fil, ac yn annog darllenwyr i berswadio'u ffrindiau i ymuno er mwyn i'r mudiad dyfu ymhellach. Câi'r darllenwyr hefyd eu hatgoffa o reolau'r Urdd:

i.   Siarad Cymraeg gyda phob plentyn Cymreig; yn enwedig gyda phob un a berthyn i'r Urdd.
ii. Darllen a phrynu llyfrau Cymraeg.
iii. Canu caneuon Cymraeg.
iv. Chwarae bob amser yn Gymraeg.
v.   Peidio byth â gwadu mai Cymry ydym, na bradychu ein gwlad ar unrhyw amgylchiad.
vi. Edrych ar bob Cymro a Chymraes, hyd yn oed pe baent dlawd ac yn eu carpiau, fel cyfeillion inni, a gwneud ein gorau trostynt.
vii. Gwisgo'r bathodyn amled ag y gallwn.

Cloriau rhai o rifynnau Gŵyl Ddewi Cymru'r Plant *yn y 1930au*

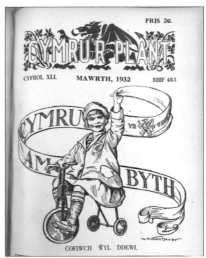

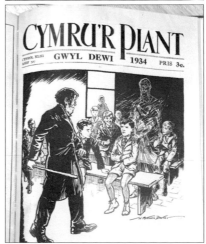

Am hanner can mlynedd, bron, byddai gweld aelodau'r Urdd yn mynd o ddrws i ddrws ym mis Mawrth wedi bod yn olygfa gyffredin ledled Cymru, diolch i Ymgyrch Lyfrau'r Urdd.

Syniad gwreiddiol swyddogion yr Urdd oedd cynnal digwyddiad i roi hwb i bapurau newydd, ond wedi cyfarfod ym Mangor yn 1936 lle ni chafwyd fawr o ddiddordeb gan olygyddion y papurau, penderfynwyd canolbwyntio yn hytrach ar y farchnad lyfrau. Roedd y diwydiant llyfrau yng Nghymru mewn tipyn o argyfwng ar y pryd, a theimlai'r Urdd y byddai o gymorth defnyddio Dydd Gŵyl Dewi i roi hwb i werthiant.

Dewisodd yr Urdd 14 o'i adrannau gweithgar i gynnal yr arbrawf am y tro cyntaf tua adeg Gŵyl Ddewi 1937, gan ei hysbysebu fel ffordd ymarferol o ddathlu gŵyl ein nawddsant, a 'cymaint gwell nag areithio ar lwyfan, gwisgo cenhinen a chiniawa'! Defnyddiwyd amryw o dechnegau gwerthu gan yr adrannau. Penderfynodd un adran logi siop wag, llenwi'r ffenest â llyfrau a chael aelodau yng ngwisg yr Urdd i werthu i'r cyhoedd, tra aeth adran arall â stondin i eisteddfod Gŵyl Ddewi eu hardal a gwerthu llyfrau wrth y drws. Fodd bynnag, ymweld â thai yn eu hardaloedd wnaeth y mwyafrif, gan fynd â'u pentyrrau llyfrau gyda nhw. Roedd rhai'n ddigon ffodus i gael arweinydd i'w

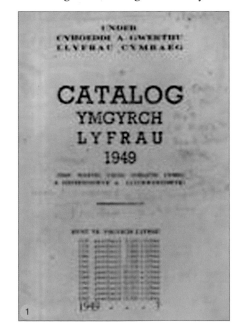

helpu gyda char, eraill yn mynd ar gefn beic, ac mae hanes am un adran wledig yn cael benthyg trol a cheffyl!

Llwyddodd yr Urdd i werthu 1,025 o lyfrau yn y flwyddyn gyntaf, a phenderfynu ehangu'r ymgyrch ar gyfer 1938. Y tro yma, roedd tri deg o adrannau'n cymeryd rhan, a gwerthwyd 3,535 o lyfrau, ac yn 1939 llwyddodd 35 adran i werthu 3,063 o gyfrolau. Roedd dwy ran o dair o'r adrannau yma yn ne Cymru, gyda wyth o adrannau'r de ar ben y rhestr o ran llwyddiant gwerthu – a hyn oherwydd bod llai o siopau llyfrau yn ardaloedd y de na'r gogledd y pryd hynny, o bosib. Roedd ambell lyfrwerthwr yn anhapus am golli

1. *Catalog yr Ymgyrch Lyfrau yn 1949;*
2. *Poster Ymgyrch Lyfrau 1971;*
3. *Taflen Diwrnod y Llyfr*

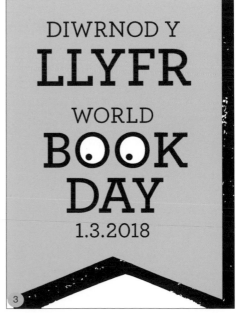

rhai cwsmeriaid ffyddlon, ond ar y cyfan roedd yr ymgyrch yn cael ei gweld fel ffordd ymarferol a thrawiadol o ddathlu Gŵyl Ddewi.

Erbyn 1943 roedd yr ymgyrch yn mynd o nerth i nerth ac wedi tyfu i gynnwys 188 o adrannau, uwch-adrannau ac aelwydydd, a llwyddwyd i werthu 39,625 o lyfrau. Gan fod yr Urdd wedi profi cymaint o lwyddiant, trefnwyd cynhadledd rhwng yr Urdd a rhai o brif weisg Cymru er mwyn trafod 'Dyfodol Ymgyrch Lyfrau'r Urdd a dyfodol gwerthiant llyfrau Cymraeg yn gyffredinol' ym Mehefin y flwyddyn honno. Trafodwyd y syniad o sefydlu canolfan genedlaethol i ddosbarthu llyfrau

Cymraeg, ac erbyn 1944 crëwyd undeb rhwng y cyhoeddwyr, y llyfrwerthwyr a'r Urdd i lywio'r ymgyrch werthu o hynny allan.

Parhaodd yr ymgyrch tua adeg Gŵyl Ddewi hyd ddiwedd y 1980au. Llwyddwyd i werthu dros 400,000 o lyfrau Cymraeg yn ystod 30 mlynedd cyntaf yr ymgyrch – tipyn o gamp am fenter gwbl wirfoddol! Gwireddwyd y freuddwyd o sefydlu canolfan genedlaethol i ddosbarthu llyfrau Cymraeg yn 1961 gyda chreu'r Cyngor Llyfrau Cymraeg. Erbyn heddiw, mae Cyngor Llyfrau Cymru, fel y caiff ei adnabod bellach, yn gyfrifol am ddosbarthu dros 1,300 o deitlau gwahanol pob blwyddyn, ond mae'r cerbydau dosbarthu fymryn yn fwy modern na cheffyl a throl!

1. *Ysgol Fron Deg, Pwllheli, 1961. Enillwyr tlws yr Ymgyrch Lyfrau bum mlynedd yn olynol;*
2. *Ffair yr Urdd yn Sir Fôn 1960*

Helynt yng Nghaernarfon

Os ewch chi am dro i dref Caernarfon a cherdded i lawr o'r Maes at y cei, bydd y castell enfawr sy'n sefyll yno ers 1283 yn hoelio eich sylw. Codwyd y castell gan y brenin Edward I, wedi iddo drechu Llywelyn ein Llyw Olaf yng Nghilmeri, fel ffordd o gryfhau ei reolaeth dros y Cymry. Cafodd y castell statws Safle Treftadaeth Byd gan UNESCO yn 1986 a daw miloedd o ymwelwyr bob blwyddyn i ryfeddu at fandiau lliw ei thyrau anferth. Ond er ei fod yn dal i sefyll yn gadarn, mae gan y waliau hyn hanes cythryblus.

Yn 1294, cipiodd Madog ap Llywelyn y castell yn ystod gwrthryfel Cymru a llosgi'r adeiladau i'r llawr. Pan ailgipiwyd y dref gan y Saeson yn 1295, rhaid oedd ailadeiladu waliau'r dref, a ni orffennwyd y gwaith ar y castell nes 1330. Yna, yn 1401, 1403 a 1404, roedd y castell dan warchae Owain Glyndŵr. Bu'r castell hefyd yn ganolbwynt i brotestio gan Gymdeithas yr Iaith yn 1969, oherwydd y penderfyniad i arwisgo Charles yn Dywysog Cymru yno.

Gwelwn, felly, fod llawer o'r gwrthdaro hanesyddol yma'n ymwneud â thensiynau rhwng y Cymry a'r Saeson, yn enwedig pan fo'r Cymry'n teimlo bod eu hunaniaeth dan fygythiad. Mae dathlu Gŵyl Ddewi'n rhan bwysig o'n hunaniaeth fel cenedl, wrth gwrs, ac mae un o'r helyntion yn hanes castell Caernarfon yn ymwneud â dathlu gŵyl ein nawddsant. Yn 1931, sylweddolodd J. E. Jones, ysgrifennydd Plaid Cymru yng Nghaernarfon, fod Jac yr Undeb yn hedfan o Dŵr yr Eryr ar Ddydd Gŵyl Dewi. Cysylltodd â Mr Ormsby-Gore, oedd â'r cyfrifoldeb am y penderfyniad, i ofyn caniatâd i hedfan y Ddraig Goch ar Ddydd Gŵyl Dewi'r flwyddyn ganlynol. Gwrthodwyd y cynnig, ac felly pan welwyd Jac yr Undeb ar Dŵr yr Eryr ar Ddydd Gŵyl Dewi 1932, gyda'r Ddraig Goch ar dŵr llai, penderfynwyd bod rhaid protestio.

Aeth criw o'r Blaid i mewn i'r castell yn y bore, gyda chlamp o Ddraig Goch ddeg llath o hyd wedi'i chuddio mewn rycsac.

1. Dreigiau Cochion ar Dŵr yr Eryr, castell Caernarfon heddiw; 2. a 3. Penawdau yn Y Brython *a'r* Herald Cymraeg *yn 1932*

1

WR I'N
OL.

sgolfeistr.

la i ddatblygu bywyd
South Road, Aberyst-
ei 91 mlwydd oed. A
nithin oedd ei dad, ac
ei hun, ond yn Rhos-
r 8fed o Ionawr, 1842
un yr un flwyddyn.
l y diweddar Mr. J.
off iawn o ganu, ac

Y DDRAIG GOCH
AR DWR YR ERYR.

Cyffro Mawr yng Nghaernarfon

Bu digwyddiadau anghyffredin yng Nghaer-
narfon dydd Mawrth (Dydd Gwyl Dewi
Sant), mewn canlyniad i waith Mr. Ormesby-
Gore (Prif Gomisiwnydd y Gweithfeydd) yn
gwrthod caniatau gosod Iluman Cymru, y
Ddraig Goch, ar hwylbren Twr yr Eryr, yn
y Castell y diwrnod hwnnw. Arferid crogi'r
 ... ar un o dyrau llai y Castell ar Ddydd

Yr Herald Cymraeg.

DYDD LLUN, MAWRTH 7, 1932.

Rhwygo'r Union Jack.

Ni ddigwyddodd dim yng Nghymru
ers amser maith i dynnu cymaint o
sylw ac i ennyn cymaint o ddiddor-
deb a helynt y faner yng Nghaernar-
fon Ddygwyl Dewi eleni. Yr oedd
y digwyddiad yn gwbl annisgwylia-
dy. Yr oedd pawb wedi synnu pan
 ... Baner y Ddraig ar Dwr yr

gilydd, mai'r ysgrifen-
wydydd yw un o br-
corfforaethau trefol.
ol yn y tren mewn a
reig, tren a gluda d
Ysgol Sir bob dydd,
ysgrifennu ar bared
ffiaidd ag y gallai fo
imi am ddweud hyn
wn ymatal oherwydd

Yn sicr fe ddiolchir
alw sylw mor effeith-
hon ar foesoldeb plar
llawer gormod o g
alaethus fel y rhain.

3

Aethant i ben Tŵr yr Eryr, tynnu Jac yr Undeb a chodi'r Ddraig Goch yn ei lle, a bu yno am dros awr cyn i awdurdodau'r castell sylweddoli. Er i'r protestwyr wrthwynebu, i lawr ddaeth y Ddraig ac i fyny aeth baner yr Undeb eto, ond roedd cynllun arall ar droed ...

Y prynhawn hwnnw, heb wybod dim am helynt y bore, daeth ugain o fyfyrwyr Coleg Bangor i'r dref, gan ymweld â'r castell. Roedd dôr fawr Tŵr yr Eryr bellach wedi'i chloi, felly bu'n raid i'r criw ddringo'r waliau a chael mynediad i'r tŵr drwy agen saethu. Tynnwyd Jac yr Undeb i lawr am yr eilwaith y diwrnod hwnnw. Doedd dim gobaith gan weithwyr y castell o'i ailgodi y tro yma, fodd bynnag – aeth y myfyrwyr â'r faner gyda nhw o'r castell wedi'i lapio o dan un o'u cotiau. Yna, o flaen tyrfa ar y Maes, cafwyd areithiau am yr angen i Gymru fagu asgwrn cefn, a mynnu cael lle i'r Ddraig Goch yn y castell ar Ddydd Gŵyl Dewi yn y dyfodol. Ceisiodd y dyrfa roi baner Jac yr Undeb ar dân, ond pan fethodd hyn, fe'i rhwygwyd yn ddarnau, gyda nifer yn cadw tamaid ohoni i gofio'r digwyddiad.

Er bod y papurau newydd yn gefnogol i'r ymgyrch i godi baner y Ddraig Goch, roedd rhai yn barnu rhwygo Jac yr Undeb,

(chwith) Darn o'r Jac yr Undeb a rwygwyd ar Faes Caernarfon ar 1af Mawrth, 1932; (uchod) Y stori am sut y cadwyd y darn gan blismon a'i gyflwyno i un o'r trefnwyr flynyddoedd yn ddiweddarach.

gan fynnu ei fod yn weithred 'eithafol' oedd yn rhy debyg i'r Saeson yn arddangos pen Owain Glyndŵr wrth iddynt orymdeithio drwy strydoedd Llundain ganrifoedd ynghynt, a bu llawer o drafod am yr helynt. Roedd y brotest wedi hollti barn, ond roedd hi'n ymgyrch lwyddiannus – yn 1933 bu cyfarfod mawr yn y castell gyda dros fil o blant yn canu. Anerchodd Lloyd George y dyrfa gyda'r geiriau, 'Fe godwyd y castell hwn i drechu cenedl y Cymry, ond wedi 700 mlynedd, dyma blant Cymru'n canu am Gymru'n un yn ei nod a'i dyhead.'

Ac wrth gwrs, y faner oedd yn chwifio uwch eu pennau o Dŵr yr Eryr y flwyddyn honno, a'r un sydd i'w gweld yno bron bob diwrnod wedi hynny, yw'r Ddraig Goch.

CWNSTABL CASTELL CAERNARFON (LL. G.): " Sian ymlae a Siôn yn ôl: mae'n dywydd têg yng Nghymru."

Y Ddraig Goch ochr yn ochr â baner y Jac mewn seremoni Gŵyl Ddewi yng nghastell Caernarfon yn 1933. Lloyd George oedd yn areithio ar y diwrnod hwnnw ac uchod mae cartŵn a gyhoeddwyd yng nghyfnodolyn Plaid Cymru, Y Ddraig Goch

Mawrth y Cyntaf, 1969

Tyfodd Mawrth y cyntaf i fod yn ddiwrnod i dynnu sylw at faterion gwleidyddol yng Nghymru ac i gynnal protest neu rali yn ystod chwarter olaf yr 20fed ganrif. Y rali fwyaf a gynhaliwyd ar ein diwrnod cenedlaethol oedd y Rali Gwrth-Arwisgo yn 1969, pan ddaeth dros 3,000 i Gaernarfon i ddangos eu gwrthwynebiad i'r Arwisgo oedd i ddigwydd yng nghastell y dref yn ystod mis Gorffennaf. Gwelai nifer y digwyddiad fel sarhad cenedlaethol, gan gredu mai'r gwir 'Dywysog Cymru' olaf oedd Llywelyn ap Gruffudd, a bod y llinach wedi dod i ben gyda'i farwolaeth yn 1282.

Roedd papur newydd *Yr Herald Cymraeg* y cyfnod yn deyrngar i'r frenhiniaeth, a ni chafwyd unrhyw sylw i'r Rali Gwrth-Arwisgo ar ei thudalennau. Un peth oedd yn peri gofid mawr i'w gohebwyr ar y pryd oedd bod 'Carlo', cân ddychan Dafydd Iwan am y darpar-dywysog, wedi cyrraedd y brig yn siart recordiau siopau Caernarfon. Drwy ddatgan fod hon yn 'Record na ddylai neb ei phrynu' mewn un pennawd, llwyddodd y papur i sicrhau llwyddiant pellach iddi, a bu ar frig y siartiau am rai wythnosau.

Rali Caernarfon, 1969: 1. Baneri a phosteri;
2. Y dref ar y Cei Llechi;
3. Yr ifanc yn lleisio eu gwrthwynebiad
i'r Arwisgo

Symbolau a Thraddodiadau

Cofeb Cenedlaethol Cymru yn Fflandrys i gofio am holl golledion y Rhyfel Byd Cyntaf. Mae'r gromlech a'r dreigiau yn symbolau o Gymreictod ond roedd y pwyllgor lleol yn awyddus i'r gofeb edrych ar ei gorau yng nghyfnod Gŵyl Ddewi. Gyda hynny mewn golwg, aeth y criw ati i blannu 4,000 o fylbiau cennin Pedr.

Y Ddraig Goch a Baner Dewi Sant

Er bod rhai o hen arferion dathlu Gŵyl Ddewi bellach yn angof, mae nifer o'r symbolau a'r traddodiadau dathlu yn parhau hyd heddiw, ac yn esblygu o hyd. Fel nifer o ddathliadau, mae baneri'n rhan bwysig o Ddydd Gŵyl Dewi, gan addurno strydoedd ac adeiladau, ac fel rhan o eisteddfodau a gorymdeithiau.

Roedd pwysigrwydd y Ddraig Goch yn destun llosg yng Nghaernarfon yn 1932, yn enwedig gan nad oedd gan Gymru faner swyddogol ar y pryd. Dim ond yn 1959 ddaeth y Ddraig Goch yn faner swyddogol ar Gymru, ond mae dreigiau'n cael eu cysylltu â'n gwlad ers canrifoedd. Yng nghyfranc Lludd a Llefelys o'r Mabinogi, mae stori am ddraig goch yn ymladd â draig wen estron, ac ym Mrwydr Twthill yn 1401, cododd Owain Glyndŵr faner y Ddraig Aur am y tro cyntaf. Harri Tudur oedd y cyntaf i uno ei fyddin o dan y Ddraig Goch, a hynny ym Mrwydr Bosworth yn 1485, gan ennill cefnogaeth y Cymry drwy ddefnyddio'r ddraig oedd yn arwydd i'r arwr canoloesol, Cadwaladr Fendigaid. Unwaith y daeth Harri yn frenin gosodwyd y ddraig goch o flaen lliwiau'r teulu Tudur – gwyn a gwyrdd.

Am gyfnod ar ddechrau'r 1950au roedd y Swyddfa Gymreig yn defnyddio baner arall – un debyg i'n baner heddiw ond fod y ddraig yn llai, ac yn cael ei hamgylchynu gan y geiriau 'Y Ddraig Goch Ddyry Gychwyn'. Roedd hon yn amhoblogaidd, a chyn Eisteddfod Caernarfon yn 1959 bu ymgyrch lwyddiannus gan Orsedd y Beirdd er mwyn derbyn y faner symlach sy'n gyfarwydd heddiw. Mae'r Ddraig Goch i'w gweld ar fathodynnau ac arfbeisiau pob math o fudiadau a busnesau, ac mae'n enwog ledled y byd.

Hanes tipyn mwy diweddar sydd gan y faner ddu a melyn sydd bellach yn cael ei chysylltu â Dewi Sant. Mae amryw o faneri tebyg yn gysylltiedig â hanes yr Eglwys yng Nghymru – baner felen â chroes ddu oedd y faner answyddogol rhwng 1920 a 1954, ac mae arfbais Esgob Tyddewi'n cynnwys

Mae'r Ddraig Goch yn cael ei defnyddio i werthu pob math o bethau – hyd yn oed cwrw!

blodau du o fewn croes felen ar gefndir du. Serch hyn, dim ond ers y 1990au a dechrau'r ganrif hon mae baner Dewi Sant – croes felen ar gefndir du – yn cael mwy o ddefnydd.

Yn ôl y sôn roedd cwmni'r Welsh Tartan yn chwilio am ryw fath o faner i'w chynnwys yn un o'i gynnyrch, sef Brithwe Dewi Sant. Wedi cryn gyngor cyfreithiol, fe benderfynwyd creu baner debyg iawn i faner Tyddewi, ond heb y blodau du o fewn y groes. Cynhyrchwyd miloedd o'r baneri hyn, a bu cryn waith hyrwyddo ledled y wlad, yn ogystal â chwifio nifer ohonynt y tu allan i'r siop Welsh Tartan yng Nghaerdydd. O fewn deg mlynedd, roedd baner Dewi Sant i'w gweld ar hyd a lled Cymru fel rhan o'r dathliadau ar Fawrth y cyntaf, ochr yn ochr â'r Ddraig Goch.

1. Baneri Dewi a'r Ddraig Goch ym mharêd Aberystwyth; 2.. Dathliadau'r ŵyl yn Nyffryn Aman; 3. a 4. Ciltiau Cymreig

41

Y Wisg Gymreig

Un arfer ar Ddydd Gŵyl Dewi yw gwisgo'r wisg draddodiadol Gymreig. Dyma symbol o Gymru a ddatblygodd yn ystod y bedwaredd ganrif ar bymtheg, fel rhan o bwyslais penodol ar ddiwylliant Cymreig oedd dan fygythiad.

Cychwynnodd y diddordeb yn y wisg draddodiadol Gymreig law yn llaw â chychwyn twristiaeth i Gymru yn ystod y 1770au, wrth i ymwelwyr sylweddoli bod merched cefn gwlad yn gwisgo'n unigryw, yn wahanol i'w cyfoedion yn Lloegr a'r trefi mawr. Byddai'r merched yn gwisgo pais wlanen streipiog hir o dan gŵn agored o'r enw 'betgwn'. Yna, ar ben hyn byddent yn gwisgo ffedog a siôl, gyda bonet a het dal ddu gyda chantel llydan. Daeth hetiau fel hyn yn boblogaidd yn ystod yr 1840au, wedi'u hysbrydoli gan yr hetiau uchel roedd dynion yn eu gwisgo i farchogaeth. Roedd elfennau'r wisg yn amrywio o ardal i ardal, gyda nifer o steiliau gwahanol.

Yn ystod Oes Fictoria, wrth i'r diwydiant twristiaeth dyfu, roedd llawer o artistiaid wrthi'n paentio lluniau o ferched mewn gwisg draddodiadol. Byddai'r lluniau yma'n ymddangos ar bob math o nwyddau, o gwpanau i gardiau post. Cyfrannodd y delweddau hyn at boblogrwydd un math penodol o wisg, yn wahanol i'r amrywiaeth o steiliau oedd i'w gweld flynyddoedd ynghynt.

Roedd llawer o fonedd y cyfnod yn awyddus i ddiogelu'r hen arferion Cymreig. Er mai ychydig iawn oedd bellach yn gwisgo'r wisg draddodiadol bob dydd, cafwyd anogaeth i'w gwisgo ar gyfer digwyddiadau megis eisteddfodau ac ymweliadau gan bwysigion. Y wisg Gymreig oedd gwisg y Royal Welsh Ladies Choir, oedd yn teithio'r byd i berfformio – y diben mewn gwisgo fel hyn oedd hoelio sylw'r gynulleidfa a rhoi ffenest ar Gymru i'r byd. Roedd gwisgo dillad o wlân Cymreig hefyd yn cael ei weld fel ffordd i gefnogi'r diwydiant gwlân oedd yn prysur ddirywio yng nghyfnod y Chwyldro Diwydiannol, ac yn ffordd o ddangos a dathlu hunaniaeth Gymreig.

Er mai dirywio wnaeth yr arfer o

Amrywiaeth y wisg draddodiadol yn y bedwaredd ganrif ar bymtheg

Going to the Hiring Fair

Heddiw, Ddoe a Gŵyl Ddewi

wisgo'r wisg draddodiadol ar gyfer digwyddiadau ac er mwyn denu ymwelwyr erbyn dechrau'r ugeinfed ganrif, ſe gychwynnodd yr arfer o'i gwisgo i'r ysgol fel rhan o ddathliadau Dydd Gŵyl Dewi cyn y Rhyfel Byd Cyntaf, ac mae hynny'n parhau. Mae papurau newydd ddoe a heddiw'n llawn lluniau o'r gwisgoedd lliwgar hyn wrth gofnodi dathliadau Mawrth y cyntaf, ond mae dosbarthiadau ysgol bellach yn llawn mor debygol o gael plant yn gwisgo crysau rygbi a phêl-droed ochr yn ochr â'r siôl a'r het dal, ddu.

1. Merch mewn gwisg draddodiadol yn un o gymoedd Morgannwg yn y 1930au; 2. Plant Ysgol Treganna; 3. Fersiwn modern o'r wisg draddodiadol! 4. Un o aelodau cynnar Urdd Gobaith Cymru yn ei gwisg genedlaethol

Cenhinen neu Gennin Pedr?

'Gwisg genhinen yn dy gap a gwisg hi yn dy galon' meddai'r hen bennill, ond tybed ai cenhinen neu genhinen Bedr sydd ar gapiau'r mwyafrif bellach?

Gwisgo'r genhinen yw'r traddodiad hynaf, gan ei fod yn symbol sy'n cael ei gysylltu â buddugoliaeth i Gymru ers dyddiau Dewi Sant ei hun. Yn ôl y chwedlau cynghorodd Dewi'r Cymry i wisgo cenhinen yn eu helmed er mwyn iddynt allu adnabod ei gilydd yn haws mewn brwydr yn erbyn y Sacsoniaid. Gwyrdd a gwyn yw lliwiau'r genhinen, a dyma oedd lliwiau'r lifrai a wisgai milwyr Cymreig y tywysog Edward ym mrwydr Crécy yn 1346 pan drechwyd Ffrainc, felly dechreuodd milwyr o Gymru wisgo cenhinen ar eu capiau ar Ddydd Gŵyl Dewi i gofio dewrder y saethwyr.

Mae'r genhinen hefyd yn cael ei bwyta, wrth gwrs, ac mae cael pryd o gawl cennin yn ganolog i ddathliadau'r ŵyl, ond mae rhai'n credu bod ganddi fanteision meddygol hefyd. Hawliai Meddygon Myddfai yn y ddeuddegfed ganrif fod y genhinen yn dda i atal gwaedu ac asio esgyrn, a hefyd yn sôn fod rhwbio sudd cenhinen dros y corff yn arbed milwyr mewn brwydr – dylanwad y chwedlau am Dewi a'r milwyr, o bosib!

Er bod y genhinen yn symbol o falchder i'r Cymry am amryw o resymau, felly, roedd hefyd yn gallu bod yn destun sbort. Yn *Henry V* gan Shakespeare, caiff y cymeriad Cymreig Fluellen ei wawdio gan Pistol am wisgo cenhinen yn ei gap ar Ddydd Gŵyl Dewi, er mai Pistol sy'n dioddef waethaf erbyn diwedd yr olygfa, wrth i Fluellen ei orfodi i fwyta'r genhinen amrwd gyfan! Mae sôn hefyd gan ymwelydd o'r Iseldiroedd i Lundain yn 1662 fod y Saeson yn gosod doliau neu fwganod brain y tu allan i'w tai, yn rhoi cennin ar eu pennau, ac yna'n gweiddi 'Taffy' neu 'David' ar Gymry oedd yn pasio er mwyn eu pryfocio. Ychydig o hwyl diniwed, efallai, ond mwy difrifol oedd dyddiadur Samuel Pepys o fis Mawrth 1667 yn cofnodi gweld delw wedi'i gwisgo fel Cymro yn crogi o'i wddf tu allan i dŷ yn Llundain.

Dehongli'r frawddeg 'Gwisg genhinen yn dy gap' yn eithaf llythrennol!

A WELSH FEAST ON S^t. DAVID'S DAY.

In Fulmer's Exhibition Rooms may be seen the largest Collection in Europe of Humorous Prints Colour'd "One Shilling"

Erbyn y bedwaredd ganrif ar bymtheg roedd rhai pobl 'barchus' yn ystyried y genhinen braidd yn werinol ac wedi dechrau gwisgo cenhinen Bedr, neu'r daffodil, yn ei lle. Cred rhai fod dryswch wedi bod gyda enw'r genhinen mewn canrifoedd cynharach, ac mai'r genhinen Bedr yw gwir symbol Cymru. Yr hen stori yw mai David Lloyd George oedd yn gyfrifol am annog poblogrwydd y genhinen Bedr wedi iddo wisgo un i'r Arwisgiad yn 1911, ond o edrych ar y lluniau, nid oes cenhinen Bedr i'w gweld yn unman – sy'n gwneud synnwyr o gofio bod yr Arwisgiad ym mis Gorffennaf! Efallai mai stori big yw honno, ond mae'r nifer o erthyglau papur newydd ysgrifennodd Lloyd George ar y testun yn profi ei fod yn gefnogol iawn o'r genhinen Bedr fel eicon Cymreig.

Nid pawb oedd yn cytuno â Lloyd George chwaith, fel y gwelwyd mewn colofn ym mhapur newydd *Y Gwyliedydd* yn 1917 oedd yn ymateb i'r ffaith fod y genhinen Bedr wedi disodli'r genhinen fel arwydd Cymru ar arian papur newydd y Trysorlys. Roedd yr awdur yn gandryll am hyn, fel y gwelwn yn y dyfyniad isod:

Pwy Philistiad a wnaeth hyn? Gwyddom fod y 'snobs' a fynnent ucheldori fel pe baent uchelwyr, ers dwy neu dair blynedd wedi mynnu gwisgo'r daffodil yn lle'r Geninen ar ddydd Gŵyl Dewi – yn bennaf am fod sawyr hen Geninen Cymru yn rhy gryf i'w ffroenau balch ... Mae ymchwiliad diweddar dysgedigion wedi profi mai'r 'Hen Genhinen Werdd', ac nid y daffodil oedd arwyddlun llysieuol y Cymru gynt. Hi yw'r un a fabwysiadodd y Brenin yn eiddo i'w Warchodlu Cymreig hefyd. Wfft i'r Philistiaeth a fyn ei newid!

Mae'r genhinen Bedr ychydig yn llai dadleuol bellach, a chaiff ei dathlu fel symbol o ddechrau'r gwanwyn ac o aileni, gan ei bod yn ymddangos yn fuan wedi misoedd oer a llwm y gaeaf. Mae hefyd yn flodyn gwydn sy'n ailymddangos flwyddyn ar ôl blwyddyn, a gan fod y blodyn bychan yma'n cynrychioli gobaith mewn amseroedd anodd i nifer, y genhinen Bedr hefyd yw symbol elusen gancr Marie Curie. Ers 1995, mae'r elusen yn gwerthu bathodynnau cennin Pedr i godi arian bob gwanwyn – cyfle gwych i gefnogi achos da a dathlu Dydd Gŵyl Dewi yr un pryd.

Gwisgoedd ffansi yn Llŷn ar Ddydd Gŵyl Dewi (llun: Dewi Wyn, Pwllheli)

Dydd Gŵyl Dewi mewn Ysgolion

Mae hen lyfrau log ysgolion yn dangos bod Dydd Gŵyl Dewi'n cael ei ddathlu yn ysgolion Cymru ers o leiaf dechrau'r ugeinfed ganrif. Y drefn arferol oedd cynnal cystadlaethau canu a pherfformio dramâu am hanes a chwedlau Cymru yn y bore, yn ogystal â thrafod bywyd Dewi Sant. Roedd awdurdodau addysg yn cynghori ysgolion ar beth i'w ddysgu a'i drafod ar Ddydd Gŵyl Dewi, ac yn cyhoeddi pamffledi yn crynhoi hanes Dewi a dathliadau'r dydd. Mae papurau newydd o'r cyfnod hefyd yn dangos fod nifer o ysgolion yn dysgu crefftau traddodiadol i'r plant ar Ddydd Gŵyl Dewi, er engraifft gwehyddu basgedi.

1. Ysgol Penlleiniau, Pwllheli;
2. Pamffled a roddwyd i ysgolion

ST. DAVID'S DAY

SOME THINGS EVERY CHILD IN WALES SHOULD KNOW

What day is this?
The First of March, or St. David's Day.

Why is it called St. David's Day?
Because on it we commemorate St. David who died on the First of March long ago.

Who was St. David?
A great and good Welshman who is called the Patron Saint of Wales.

What is a Patron Saint?
A character in history whom, because of his exemplary life and good deeds, the people came, in time, to regard as the special benefactor and guardian of their country.

What other Patron Saints are there?
St. George of England; St. Andrew of Scotland; St. Patrick of Ireland.

What do you know of St. David?
St. David was born and lived and died in Dyved in Wales about the fifth century after Christ; he lived a good, simple, and useful life; he was a true Christian who spent his days in preaching and doing good; and he was much beloved by the people.

By what name was he known, and why?
He was called "David the Water-drinker," because he never drank anything stronger than water and lived on simple food.

By whom is St. David's Day observed?
By patriotic Welshmen.

What is a patriot?
A man who loves his country and tries to serve it wherever and in whatever station of life he may be.

What is the object of observing St. David's Day?
To remind us of our duty to our country, our duty to Wales.

Roedd hi'n arfer bod yn draddodiad bod ysgolion yn cau yn y prynhawn ar Ddydd Gŵyl Dewi. Mae adroddiad yn *Y Cymro* yn 1933 yn sôn fod Cymry Aberdâr wedi digio gan fod y plant wedi gorfod mynd i'r ysgol am ddiwrnod cyfan ar Fawrth y cyntaf, a hynny am y tro cyntaf ers 27 mlynedd!

Nid ocs yr un ysgol yng Nghymru'n cael gwyliau arbennig ar Ddydd Gŵyl Dewi bellach, ond mae nifer o ddathliadau gwahanol i'w gweld ledled y wlad. Bydd nifer o blant yn gwisgo dillad gwahanol i'r arfer. Gwisg draddodiadol fydd gan lawer – pais, siôl a het ddu dal i'r merched, a gwasgod, sanau hirion a chap stabal i'r bechgyn – ond mae crysau rygbi a phêl-droed wedi dod yn gynyddol boblogaidd yn y blynyddoedd diwethaf.

> 1. *Dathlu yn Ysgol Treganna, Caerdydd;*
> 2. *Cystadlu yn yr eisteddfod mewn gwisg draddodiadol*

Heddiw, Ddoe a Gŵyl Ddewi

Mae'r traddodiad o ganu a pherfformio wedi parhau hefyd, gyda nifer o ysgolion yn cynnal gwasanaethau arbennig ac eisteddfodau. Un ysgol sy'n mwynhau dathliadau'r dydd yw Ysgol y Ffin, Cil-y-coed, yn nwyrain Sir Fynwy. Sefydlwyd yr ysgol Gymraeg yma gyda dim ond dau athro a 17 o ddisgyblion yn 2001. Oherwydd y galw cynyddol am addysg Gymraeg i'w plant gan rieni yn y gymuned leol, symudodd yr ysgol i adeilad newydd sbon yn 2008, ac mae ganddi bellach 150 o ddisgyblion. Gan eu bod mor agos i'r ffin mae'r ysgol yn awyddus i roi pob cyfle i'r plant ddysgu am ddiwylliant ac iaith Cymru a dathlu eu hunaniaeth. Mae'r disgyblion wrth eu boddau'n canu, ac mae eisteddfod yr ysgol ar Ddydd Gŵyl Dewi yn uchafbwynt yn y calendr bob blwyddyn.

1. *Kian yn canu'r delyn yn nathliudau Ysgol y Ffin, Cil-y-coed;* 2. *Cadeirio Gwenno;* 3. *Sebastian ar y ffidil;* 4. *Mia yn canu;* 5. *Maisie, Lola a Beca yn adrodd*

Barddoniaeth

Gan fod cymaint o ysgolion a chymunedau bellach yn cynnal gwasanaeth arbenning neu eisteddfod fel rhan o'u dathliadau Dydd Gŵyl Dewi, mae barddoniaeth wedi dod yn rhan bwysig o'r dydd. Mae nifer o benillion enwog yn cael eu hadrodd, ond efallai mai'r enwocaf yw'r delyneg isod, sy'n cynnwys y cwpled poblogaidd 'gwisg genhinen yn dy gap a gwisg hi yn dy galon':

Os wyt Gymro hoff o'th wlad,
A hoff o'th dadau dewrion,
Cadw ŵyl er mwyn dy had –
Ni waeth beth ddywed estron.
Gwisg genhinen yn dy gap
A gwisg hi yn dy galon.
Os wyt Gymro hoff o'th iaith
A hoff o'i bardd a'i phroffwyd,
Heddiw twng y filfed waith
I'w chadw fel ei cadwyd:
Boed yn amlaf ar dy fin,
Boed olaf ar dy aelwyd.
Os wyt Gymro hoff o'th sant
A hoff o'r cysegredig;
Cadw ŵyl, er mwyn dy blant,
I Ddewi, ŵyr Ceredig;
Cas yw'r gŵr nas câr ei wlad,
Boed dlotyn neu bendefig.

Bardd ifanc yn ennill Cadair Eisteddfod
Ysgol Botwnnog Gŵyl Ddewi 1963

Ers 2014 mae BBC Radio Cymru yn dewis 'Bardd y Mis' i ymateb i newyddion a digwyddiadau, a gan fod pob bardd yn dechrau ei gyfnod ar y cyntaf o'r mis, mae nifer o feirdd mis Mawrth wedi ysgrifennu am Ddydd Gŵyl Dewi a themâu cysylltiedig. Dyma rai o'u cerddi:

Cymreictod

Welshness is a preoccupation, a political position, a form of dissent against the dominance of English culture.

Rhywle ym mhlygion y siôl a lapiwyd amdanaf,
Ym mhlethiadau ei chynhesrwydd clyd, roedd un edau
Yn batrwm hardd, yn llinyn o geinder, yn araf
Ddirwyn yn gwlwm o berthyn, o gysylltiadau.
Aeth rhin yr edau feddal, o'i throi rhwng fy mysedd,
Yn rhan ohonof, ac wrth im fentro yn dalog
Hyd lwybrau bywyd roedd yno, a'i gafael rhyfedd
Yn dynn amdanaf, yn gysur pur, diysgog.
Ond weithiau, pan ddaw rhai i dynnu yn yr edau,
I'w datod am na welant iddi werth na harddwch,
Bydd brath yr edau'n torri i'r byw a bydd creithiau
Hen, hen friwiau'n llosgi yn danbaid yn y düwch.
Ac felly, os gofynni pa beth yw Cymreictod,
Nid safiad, na dewis, na her, hwn yw fy hanfod.

Beryl Griffiths (2018)

Dydd Gŵyl Dewi 2017

Y bore hwn daw i'r brig
Hen wlad sy'n anweledig
I relyw byd, rhyw le bach
O bobl od, barabl odiach,
Hen waddol sy'n troi'n weddill
Is sylw Sais, fesul sill.
Fe aeth gwŷr y 'bur hoff bau'
Yn angof i gyfryngau
A roes deyrngarwch mor rhwydd
I Loegr a'i chenedligrwydd.

A do, daeth dygwyl Dewi,
Yn awr bod yn *Welsh* i ni.
Ai hen ffrind, rhyw ffair undydd
O hwyl yw'r ddygwyl? Rhyw ddydd
o atgof cyn anghofio?
Rhoi llog byrhoedlog i'n bro?
Canu anthem mewn gemau,
Heb i'r iaith, r'un gair, barhau,
A'n canu fel y cennin,
Yn gwywo'n rhyw grasdon grin.
Er sarhad, mae'n mamwlad mwy
Yn wlad sydd anghlywadwy.

Y ddaear yn Llanddewi
Droes o bant, i'n nawddsant ni,
Yn fynydd, ac o'i fannau
Ei air ef aeth dan gryfhau,
Yn weladwy weledydd.
Tyfodd, ni phallodd ei ffydd.
A gawn ni godi'n un gŵr
A dynwared ein harwr?
A roir ein hanian a'n cred
Yn y golau, a'n gweled?
A hawliwn ein bodolaeth,
Neu gilio, fel treio traeth?
O'r bore hwn, ar y brig
Rhown ein gwlad, gwlad weledig.

Nia Powell (2017)

Y Pethau Bychain

Mi wna i'r holl bethau bychain, dwi'n addo 'leni gwnaf
wirioni ar y blodau aur sy'n datgan y daw'r haf.

Mi wna i'r holl bethau bychain, fel hwylio panad iawn
a hidio befo os 'di'r sgwrs yn para drwy'r prynhawn.

Mi wna i'r holl bethau bychain, cael amser i chdi a fi
a thaenu'n geiriau hyd y bwrdd fel briwsion teisan gri.

Mi wna i'r holl bethau bychain, mi gofia i godi'r ffôn
a chefnogi'r siop fach leol sydd ond i fyny'r lôn.

Mi wna i'r holl bethau bychain, y jobsys diflas lu
fu'n crefu'u gwneud ers misoedd maith ar hyd a lled y tŷ.

Mi wna i'r holl bethau bychain, gwneud safiad dros yr iaith,
a herio pob un celwydd noeth sy'n esgus bod yn ffaith.

Mi wna i'r holl bethau bychain, fel bwydo adar y to
fu'n hir newynu yn fy ngardd, a phlygu'r papur bro.

Mi wna i'r holl bethau bychain, os ga i hanner awr
o lonydd rhag y pethau hurt sy'n esgus bod nhw'n fawr.

Mi wna i'r holl bethau bychain, mae'n amser newid byd,
i gyd yn enw Dewi Sant . . . dwi'n addo gwna i . . . rhyw bryd.

Gruffudd Owen (2016)

Roedd hi hefyd yn arfer cynnwys penillion yng nghylchgrawn *Cymru'r Plant*. Dyma ddwy enghraifft o'r 1930au:

Caru Cymru

Caru rwyf fynyddoedd Cymru,
A'i hafonydd mawr eu sôn,
Caru rwyf holl siroedd Cymru,
O Sir Fynwy i Sir Fôn.

Caru rwyf Eisteddfod Cymru,
Caru rwyf ei hiaith a'i chân:
Caru rwyf gymanfa Cymru,
A'i chapeli bychain glân.

Merch/llanc o Gymru ydwyf innau,
Wedi dod i'r dref ar daith,
Ond rwy'n dal i garu Cymru
Ac i siarad yr hen iaith.
Ben Davies

Dewi Sant

Rwy'n caru cymoedd Cymru wen
A murmur mwyn y nant,
Ac wrth eu caru ffyddlon wyf
I'r enwog Dewi Sant.

Bu Dewi'n ufudd iawn i'w fam,
Bu'n chwarae gyda'r plant,
Caredig ydoedd ef wrth bawb –
Dyn da oedd Dewi Sant.

Wrth wisgo'r cennin ar ein bron,
Da cofiwn ninnau'r plant
Am garu Cymru fach a'i hiaith
'Run fath â Dewi Sant.
Megan Llŷn

Diwrnod y Newyddion Da Cymreig

Fel ein dydd cenedlaethol, mae Dydd Gŵyl Dewi'n ddiwrnod poblogaidd i wneud cyhoeddiadau pwysig, neu i agor sefydliadau. Dyma rai o brif gyhoeddiadau Mawrth y cyntaf o'r ganrif ddiwethaf.

Ar Fawrth y cyntaf 1946, cyhoeddwyd yn *Y Cymro* fod Castell Sain Ffagan wedi'i roi yn rhodd i'r Amgueddfa Genedlaethol, gan wireddu breuddwyd Iorwerth Peate o ddechrau'r gwaith o sefydlu amgueddfa awyr agored yng Nghymru, yn debyg i amgueddfa Skansen yn Sweden. Yna'r flwyddyn ganlynol, agorwyd Ysgol Gymraeg Dewi Sant yn Llanelli, sef yr

Y Cymro

Y BRYTHON A'R FORD GRON

PAPUR CENEDLAETHOL CYMRU
THE WELSH NATIONAL NEWSPAPER

FRIDAY, MARCH 1, 1946.

MAWRTH 1, 1946

Pris Dwy Geiniog (2c

CASTELL FFAGAN YN RHODD I'R AMGUEDDFA

I Sylweddoli yr Hen Freuddwyd

DERBYNIODD Amgueddfa Genedlaethol Cymru y llythyr a ganlyn oddi wrth y Gwir Anrhydeddus Iarll Plymouth:

"Deallaf fod dymuniad ers amryw flynyddoedd i sicrhau Amgueddfa Awyr Agored fel atodiad i Amgueddfa Genedlaethol Cymru.

"Sgrifennaf felly i ddywedyd fy mod yn barod i osod castell a gerddi Saint Ffagan at wasanaeth yr Amgueddfa Genedlaethol os bydd eu hangen—a chyhyd ag y bydd eu hangen—gan y Cyngor at bwrpas amgueddfaol.

"Gwn yn dda iawn am y diddordeb mawr a gymerth fy nhad a'm taid yn Amgueddfa Genedlaethol Cymru, a byddaf i buasent hwy'n dymuno, gan na bydd y teulu bellach yn byw yno, i'r ty a'r tir o'i gwmpas gael eu rhoddi i'r Amgueddfa ar gyfer ychwanegu mewn ffordd a ddymunir gymaint, at ei gwasanaeth i'r cyhoedd."

Y tu ol i'r cynnig gwych 'law gorwedd ugain mlynedd o freuddwch ar ran yr Amgueddfa.

Dangosodd creadigaeth a datblygiad yr Adran Fywyd Gwerin dan ofal Dr. Iorwerth C. Peate i'r Cymru bwysigrwydd a diddordeb hanesyddol eu hen greftau a'u diwydiannau, eu hoffer a'u dull a'u tai. Ond y mae ..adrech yr Adran o angenrheidrwydd yn anorffenedig yn rhannol, yn gyfyngir hwynt i le ..y fychan. Beth felly oedd ..angen?

Oeddedd Canol i lawr. Os plandy yw'r canolfan, fe gynnwys ei ystafelloedd ddodrefn o gyfnod Elisabeth a lawr.

Ac fel y bydd amgylchiadau a'r cyllid yn caniatau, fe dynnir i lawr mewn gwahanol rannau o'r wlad dai o wahanol gyrnodau ac o wahanol fathau—ta a fyddai am resymau arbennig yn cael eu dinistrio, neu a fyddai'n syrthio'n adfeilion—a'u dwyn yn ofalus i'r amgueddfa awyr-agored a'u hail-godi yno. Ac nid tai yn unig, ond melinau a gweithdai creftwyr.

Felly cedwir yno record parhaol o'r mathau traddodiadol o dai'r wlad. Yn y tai hyn ceir dodrefn nodweddiadol, ac yn y tai allan fennni, troliau, ogiau, erydr a phob math o offer amaethyddol yn eu lleoedd priodol. Nid yn unig hynny, bydd creftwyr gwlad—y turniwr a'r gwehydd, er enghraifft—yno yn eu gweithdau yn arfer eu crefft. Mewn amser tyf y cwbl yn ddarlun byw o ddatblygiad bywyd cenedl.

LLWYDDIANT LLYCHLYN.

Nid breuddwyd yw hyn. Fe'i gwnaethpwyd cisoes yn llawn mewn hanner dwsin o leoedd ar gyfandir Lychlyn. Ac yn y gweledydd hynny bu dylanwad yr amgueddfa awyr-agored ar wella safonau chwaeth y bobl, ar gynnal balchder y genedl yn ei thraddodiadau gorau ac ar adfywiad y bywyd cenedlaethol yn rhyfeddol.

Pwysleisiwyd angen amgueddfeydd o'r fath ym Mhrydain yn y cyfnodau ..ol ddysgedig a'r rhai poblogaidd yw pennaf dymuniad ...

Castell Arall yn Anrheg

Y MAE Castell Gwydr, Llanrwst, wedi ei brynu gan Mr. Arthur Clegg, rheolwr banc wedi ymneilltuo, yr hwn er mai Sais yw a 'wriada'i gadw i'r genedl Gymreig.

Y mae rhannau o'r castell yn perthyn i'r 16 ganrif, ond y mae'r hen ddodrefn a'r darluniau a wnaeth y castell yn enwog, wedi eu gwerthu ers blynyddoedd yn ol. Prynwyd llawer o'r trysorau hyn yn ol ac ychwanegwyd at y 1922 dinistriwyd rhannau uchaf y castell gan dan. Y mae yn yr adfeilion pethau mewn derw ac maen wedi ...ledd Ysbaenaidd, ac yr oedd y gerddi a blodau o'r Iseldiroedd yn brydferth iawn.

Haerir bod "ysbryd yn y castell hwn," ond ni welodd Mr. Clegg sydd wedi bod yno'i hun am noswethiau yr un ysbryd.

Hiraeth

YR oedd yr Awgwr Emrys Lloyd, o Lanfachreth, Meirion yn Brussels ac yn unig iawn yno.

Chwiliodd yn y gwestai a'r tai bwyta am Gymro o blith y miloedd oedd yno. Ond yn ofer pob ymchwil.

Yna cafodd syniad. Mewn siale ar gefn ei gôt ledr ysgrifennodd "CYMRU AM BYTH" a cherddodd y stryd.

Ymhen pum munud dyma filwr ato a'r sglwch mewn Cymraeg, "Sut yr oedd pethau yn yr hen wlad?"

[Darlun y "Western

Adran T.T. i Ganolbarth Cymru

Arbennig i'r "Cymro."

DEALLA'R "Cymro" fod Bwrdd Marchnata Llaeth ac Undeb Cenedlaethol yr Amaethwyr wedi cytuno ar egwyddorion cynllun i wneud canolbarth Cymru'n adran T.T. na bydd ond gwartheg T.T. yno, ac y bod i gyfarfod y Gweinidog Amaethyddiaeth i osod a cynllun yn swyddogol ger ei fron.

Bydd angen help a chyfarwyddyd swyddogol gan y Weinyddiaeth i archwilio'r anifeiliaid a bydd yn rhaid ystyried yr trawndal a deifir am anifeiliaid a ddinistrir os daw'r cynllun i fod.

Credir y gallasai siroedd Maldwyn, Meirion, Maesyfed, Aberdedi a rhan o Frycheiniog ddod i'r cynllun, a bod y gyrroedd presennol yn y siroedd hyn yn rhydd iawn o'r dfa gwyn.

Gymerai amser i'r cynllun ddod i rym o'r derbynnid ef, ac y mae'n gynllun annodd i'w weithredu gan y dimai siarad siriau na ddeuai'r ...

DIRGELWCH AWGR HERBERT MORRISO

Ysgrifennydd Mewn Ychydig Wythnos

Gan Ein Gohebydd Seneddol

BETH oedd y tu ol i awgrym ddweddar Mr. Morrison—i'r Blaid Seneddol Gymreig hol Weinidog ymhellach ar gwestiwn Ysgrifennydd Cy wr'n prif bwnc trafodaeth yn y cylchoedd gwle Cymreig o hyd. Gwelodd gwahanol bobl obaith r...

Meddyliodd rhai ar y cychwyn mai symud y cyfrifoldeb o ddweud "No," oddi ar ei ysgwydd ei hun i'w osod ar ysgwydd Mr. Attlee a wnai Mr. Morrison.

Ond y mae rhai Aelodau Seneddol Cymreig yn credu'n awr y ceir Swyddfa Gymreig ac Ysgrifennydd dros Gymru o fewn ychydig wythnosau, nid fe a rhai mor bell ag enwi Mr. James Griffiths, y Gweinidog Yswiriant Cenedlaethol i'r swydd, oedd at Aelod Seneddol wrthyf er wythnos hon.

Y mae'r Blaid Seneddol ers yr ethaoliad yn dra gwahanol i'r hyn ydoedd o'r blaen. Ac nid yr aelodau newydd sydd ynddi ydyw unig achos y gwa hanaeth. Dywedodd un aelod wrth. ... Rhyddfrydwyr ar y naill law dod y saith Llafurwr sydd wedraeth. Ni wyddont yn a i sefyll gyda'r Rhyddfryc oposiwwn Cymreig, ynteu ...

Y pha beth ydyw safbwy Dyma'r dirgelwch ac a'r glywir lleisiau anfodlon Grenfell, ac Ungoed Th eddir hefyd i gadw yn y ...t, ar bynciau na allai aughybwedd yngvir a hwy nos hon, er enghraifft cy ...ynrychiolwyr o'r G.W. ...ynlluniau rheilffyrdd cheisiwyd llunio cynngio lyn a'r Pwyllgor Ymgyngh

ysgol benodedig Gymraeg gyntaf i'w chynnal yn llwyr gan yr Awdurdod Addysg lleol. Mae'r amgueddfa a'r ysgol yn dal i ffynnu – agorwyd orielau newydd gwerth £30 miliwn yn Sain Ffagan yn 2018, ac mae bellach dros 450 o ddisgyblion yn Ysgol Gymraeg Dewi Sant.

Ymddangosodd teitl yng nghyfres *Cof Cenedl: Ysgrifau ar Hanes Cymru* bob Gŵyl Ddewi o 1986-2009. Bwriad y gyfres oedd llenwi bwlch yn y maes a dyfnhau ymwybyddiaeth a dealltwriaeth y Cymry o'u hanes a'u treftadaeth. Dyma hefyd y dyddiad ddewiswyd er mwyn ail-lansio papur newydd *Y Cymro* yn 2018.

Gwelwn felly fod Mawrth y cyntaf yn ddiwrnod cyffrous o ran newyddion da i'n gwlad, a'r esiampl orau un o hyn, wrth gwrs, yw Mawrth y cyntaf 1999: diwrnod sefydlu Cynulliad Cenedlaethol Cymru.

1. Adeilad newydd Cynulliad Cymru – agorwyd ar Ddydd Gŵyl Dewi 2006;
2. Rhai o ddisgyblion cyntaf Ysgol Gymraeg Dewi Sant; 3. Arwydd yr ysgol heddiw

Heddiw, Ddoe a Gŵyl Ddewi   65

Heddiw, Ddoe a Gŵyl Ddewi

Gŵyl Ddewi ar Wasgar

Y Cymry ar un o brif lwyfannau
Disney yn hyrwyddo Cymreictod ar
Fawrth y cyntaf

Llundain

Llundain yw cartref y gymuned Gymreig fwyaf a hynaf y tu allan i Gymru, ac mae'r Cymry alltud yma'n dathlu Dydd Gŵyl Dewi mewn amryw o ffyrdd ers canrifoedd. Mae'r traddodiad o gyfarfod a swpera ar noswyl Mawrth y cyntaf yn bodoli yn y ddinas ers cyfnod y Tuduriaid, ond sefydlu cymdeithas y Cymmrodorion yn 1751 oedd y sbardun i ailgynnau a datblygu diddordeb llawer o'r Cymry alltud yn eu hanes a'u diwylliant.

Mae capeli Cymraeg y brifddinas yn gartref ysbrydol i nifer, ac er bod y niferoedd wedi lleihau, mae deuddeg capel ar ôl yn y ddinas a'r cyffiniau. Bydd nifer o wasanaethau arbennig yn cael eu cynnal ar y sul agosaf at Fawrth y cyntaf. Ers 1920, cartref diwylliannol Cymry'r brifddinas yw Canolfan Cymry Llundain, sydd wedi'i lleoli yn ei chartref presennol ar Gray's Inn Road ers 1937. Mae'r ganolfan bellach yn cynnal noson Gawl a Chân i ddathlu Dydd Gŵyl Dewi, ac yn trefnu taith gerdded sy'n adrodd hanes y Cymry yn Llundain.

Bydd Dydd Gŵyl Dewi hefyd yn cael ei nodi yn San Steffan mewn dadl arbennig ar faterion Cymreig. Megan Lloyd George ymgyrchodd dros gael y ddadl, a hi agorodd y ddadl Gŵyl Ddewi gyntaf yn 1944. Hi oedd y ddynes gyntaf o Gymru i gael ei hethol yn aelod seneddol, a bu'n ymgyrchydd brwd dros sefydlu senedd i Gymru a swydd ysgrifennydd gwladol i Gymru ar hyd ei hoes. Yn ei geiriau hi, 'No Englishman can understand the Welsh,

Megan Lloyd George

however much he may try, and however sympathetic he may feel, he cannot get inside the skin and bones of a Welshman unless he be born again.' Mae gwleidyddion yn cyfeirio at Dewi Sant a'i egwyddorion yn aml yn ystod y drafodaeth hon, yn enwedig y syniad ei bod hi'n bwysig 'gwneud y pethau bychain'. Bydd Downing Street hefyd yn cynnal derbyniad arbennig i nodi'r ŵyl, a bydd côr o Ysgol Gymraeg Llundain yn perfformio yn nhŷ'r Llefarydd.

Ers 1904 mae'r gymuned Gymreig yn Llundain yn cynnal swper mawreddog yn y Guildhall ar noson Gŵyl Ddewi. Mae'r noson ffurfiol yn cynnwys pryd tri chwrs wedi'i ddilyn gan araith y siaradwr gwadd, ac mae'r elw yn mynd i ddwy elusen, sef y Sefydliad Cymunedol yng Nghymru a Chronfa Ddyngarol Cymru yn Llundain. Mae David Lloyd George, Jamie Roberts a Tanni Grey-Thompson ymysg y siaradwyr sydd wedi annerch y swper yn y gorffennol.

Sefydlwyd y 'Wales Week in London' yn 2017 gan ddau ddyn busnes, Dan Langford a Mike Jordan, oedd yn teimlo bod angen gwneud mwy o ddefnydd o'r ŵyl genedlaethol fel cyfle i hyrwyddo Cymru. Mae'r mudiad yn trefnu cyfres o weithgareddau sy'n dathlu Cymru ac yn dod â chymunedau Cymreig y ddinas at ei gilydd, ynglŷd â chreu cyfleoedd i fudiadau o Gymru hyrwyddo eu cynnyrch a'u gwasanaethau a datblygu cysylltiadau busnes. Mae'r ymgyrch yn cael cefnogaeth gan Lywodraeth Cymru a Swyddfa Cymru yn San Steffan, a bellach yn cydlynu dros hanner cant o ddigwyddiadau ym mis Mawrth bob blwyddyn. Ymysg yr holl brydau crand (brecwast yn Odette's, sef bwyty'r cogydd Bryn Williams, cinio yng nghwmni Sam Warburton, a swper yng nghwmni Ryan Giggs), ceir hefyd ffair grefftau Cymreig, cyfle i gael taith dywys Gymraeg o Dŷ'r Cyffredin, amryw o sgyrsiau panel a ffair fwyd yng ngorsaf Paddington. Mae gan Gymry Llundain hen ddigon o ddewis, felly!

Disgyblion Ysgol Gymraeg Llundain gyda'r Aelodau Seneddol Liz Saville Roberts a Hywel Williams ar ôl canu yn San Steffan yn 2017

Gydag oddeutu 1.8 miliwn o Americanwyr yn hanu o dras Cymreig, nid yw'n syndod bod cymaint o ddathliadau Gŵyl Ddewi ledled y wlad. Ym mhob cornel o'r Unol Daleithiau, mae cyfle blynyddol i ddathlu mewn cinio, te neu swper – yn Florida, Kansas, Wisconsin, Pennsylvania, Connecticut ac Ohio, i enwi dim ond rhai.

Mae cymdeithas Gymreig Chicago, y Chicago Tafia, yn cynnal parti blynyddol, ac yn ymgyrchu i gael rhai o adeiladau mwyaf eiconig y ddinas wedi'u goleuo'n goch, gwyn a gwyrdd. Byddant hefyd yn talu i hysbysebion digidol yn dweud 'Happy St David's Day' gael eu harddangos ar hyd y ddinas.

Yn Los Angeles rhwng 2013 a 2016, roedd gŵyl arbennig i ddathlu ein nawddsant ar benwythnos cyntaf mis Mawrth. Sefydlwyd yr ŵyl gan yr awdur Lorin Morgan-Richards gan fod Eglwys Bresbyteraidd Gymraeg Los Angeles wedi cau yn 2012. I gyd-fynd â'r ŵyl gyntaf yn 2013, cafodd y diweddar Richard Burton ei anrhydeddu gyda'i seren ei hun ar yr Hollywood Walk of Fame. Roedd digwyddiadau'r ŵyl hon yn hynod amrywiol, yn cynnws sesiynau hel achau, dosbarthiadau Cymraeg, sgyrsiau gydag awduron, bwyd a diod o Gymru a phob math o gerddoriaeth.

Mae dathliadau'r St David's Society yn nhalaith Efrog Newydd ychydig yn fwy traddodiadol, gan fod y gymdeithas hon yn bodoli ers 1801. Pob blwyddyn cynhelir swper Gŵyl Ddewi i godi arian ar gyfer ei hysgoloriaethau, sy'n cael eu rhoi yn flynyddol i fyfyrwyr sydd am astudio yng Nghymru, neu sydd o dras Cymreig. Bydd y gymdeithas hefyd yn rhoi medal efydd yn wobr flynyddol i 'persons of Welsh blood or descent for distinguished services in the preservation and advancement of Welsh genius in every field of endeavour'.

Lliwiau Cymru: 1. Ar adeilad yng nghanol Chicago; 2. Ar yr Empire State Building yn Efrog Newydd; 3. Dathlu yn High Park; 4. Y faner yn Wall Street

Patagonia

Mae presenoldeb Cymreig yn ardal Patagonia yn ne'r Ariannin ers 1865, pan hwyliodd llong y *Mimosa* o Lerpwl, gyda tua 160 o ymfudwyr o Gymru ar ei bwrdd. Ymgartrefodd y mewnfudwyr mewn ardal a enwyd ganddynt yn 'Dyffryn Camwy', cyn i rai fentro dros y paith i ardal gafodd yr enw 'Cwm Hyfryd'. Gelwir yr ardaloedd hyn sy'n cadw cysylltiad â Chymru yn 'Y Wladfa'.

Er bod niferoedd y rhai sy'n medru Cymraeg yn yr ardal wedi lleihau, o boblogaeth o tua 150,000, mae 20,000 yn ddisgynyddion i'r Cymry, ac mae diddordeb yn niwylliant Cymru yn parhau. Mae dathliadau Gŵyl Ddewi'n chwarae rhan bwysig mewn cadw a datblygu'r cysylltiad gyda'r 'Hen Wlad'.

Yn y bedwaredd ganrif ar bymtheg, byddai Gŵyl Ddewi'n cael ei dathlu trwy gynnal arddangosfa amaethyddol. Byddai gwobrau am arddangos anifeiliaid a hefyd am arddangos llysiau a ffrwythau, a sgiliau

Y Drafod.

NEWYDDUR Y WLADFA.

Rhif. 1   Dydd Gwener, Chwefror 21, 1896.

ndeithas Argraffu y Camwy.

—:0:—

au y disgwylir yn y rhifyn cyntaf hwn
dig o hanes ffurfiad y Gymdeithas sydd
i ymgymeryd a chyhoeddi Y DRAFOD

Y mae amryw bersonau eraill wedi cymeryd rhaneion, ond heb dalu hyd eto: dymunir arnynt gyflawni gyda brys, fel y gallem gyhoeddi rhestr o'r rhanddalwyr a rhif eu rhaneion.

Mewn cyfarfod cyhoeddus, Tachwedd 16,

ein cyd-genedl yn Nghymru a'r Unol aethau. Rhaid oedd cadw hefyd yr un a maint o ddiffyg cyflawnder llythyre ond hyderir cael yn fuan gydach ovno wy, fodd i brynu y *type* angenrheidio ddyblu Y DRAFOD.

GWYL DEWI, 1896.

✝

—o: R H A G L E N :o—

Pumed Arddangosfa Amaethyddol y Wladfa

A GYNHELIR YN

NHRELEW, SADWRN, CHWEF. 29,

§

Pryd y gwobrwyir y goreuon yn ol y drefn-len ganlynol :—

1—Gwedd dri cheffyl mewn mén, perthynol i'r un tyddyn	$25.00
2—Ceffyl gwedd o rywogaeth estronol, magedig yn y Diriogaeth	$7.50
3—Eto heb ei fagu yn y diriogaeth	10.00
4—Ebol neu eboles dan flwydd a haner oed. o rywogaeth estronol—magedig yn y diriogaeth	$5.00
5—Eto o dan ddwy flwydd a haner oed	5.00
6—Ceffyl gwedd brodorol	7.50
7—Ebol neu eboles frodorol	5.00
8—Caseg fagu	7.50
9—Ceffyl marchogaeth heb fod dan 14eg dyrnfedd	10.00
10—Turn Out, sef ceffyl. gêr a cherbyd	10.00
11—Buwch flith	5.00
12—Hwrdd	

Cynhelir

Y cyntaf
am 6 yn y
brif offer
gwobrwyir

Arweinydd

Bwyr. W.

Tocynau a
☞ Rhod
Arweinydd

GV

thau
u yn
vs yn
Unol

awyr
e dir-
eson,
th y
dd a
rthyn
hwn,
neson,
wydd

fel gwneud menyn. Byddai cyngerdd mawreddog yn cael ei gynnal yn goron ar y cyfan, er bod papur newydd y Wladfa, *Y Drafod*, yn cydnabod bod y trefniadau'n ofnadwy o frysiog un flwyddyn. Roedd cwynion hefyd fod y beirniaid heb esbonio pam fod pobl wedi ennill neu golli, oedd wedi achosi drwgdeimlad ymhlith y cystadleuwyr!

Mae hanes dathliadau'r ugeinfed ganrif yn dipyn llai cythryblus. Roedd nifer o orymdeithiau'n cael eu cynnal lle byddai'r trigolion yn canu 'Calon Lân' ac yn dawnsio gwerin, a byddai cymanfa Ganu Gŵyl Ddewi'n cael ci chynnal yn flynyddol. Bellach, mae gŵyl Patagonia Celtica yn cael ei chynnal ar ddiwedd Chwefror a dechrau Mawrth, a bydd cerddorion a dawnswyr o'r holl wledydd Celtaidd yn perfformio ar hyd a lled yr ardal.

Bu'r band gwerin Plu yn perfformio fel rhan o ŵyl Patagonia Celtica yn 2017

Rhydychen

Coleg yr Iesu yw 'coleg Cymraeg' Prifysgol Rhydychen, gan iddo gael ei sefydlu yn 1571 er mwyn addysgu clerigwyr Cymru. Mae'r coleg yn cadw cysylltiadau cryf â Chymru hyd heddiw – yma mae cartref llyfrgell Geltaidd y brifysgol, a llyfrau gwerthfawr fel Llyfr Coch Hergest a Beibl William Morgan. 'Cwm Rhondda' yw emyn y coleg gaiff ei ganu yng ngwasanaeth cyntaf ac olaf y capel bob tymor, a gallwch hyd yn oed gweld arwydd Cymraeg 'dim ysmygu' wrth fynd i mewn i'r neuadd fwyta. Mae'r coleg hefyd yn cynnal ysgol haf arbennig i ddisgyblion chweched dosbarth o Gymru bob blwyddyn.

Ar Fawrth y cyntaf yn flynyddol, bydd y coleg yn cynnal gwasanaeth uniaith Gymraeg yn y capel. Mae angen tipyn o ymarfer i sicrhau fod y côr yn gallu ynganu geiriau'r emynau'n gywir, a bydd myfyrwyr o Gymru'n arwain y darlleniadau a'r gweddïau.

Un arall sy'n cael ei gadw'n brysur gan baratoadau'r gwasanaeth yw garddwr y coleg, sy'n gyfrifol am sicrhau bod digon o gennin Pedr i bawb eu gwisgo. Mae hi'n gryn gamp gwneud yn siŵr bod digon o'r blodau wedi agor ar yr union ddiwrnod pwysig, ac yn ôl y sôn bydd yn hau swp o rai gwahanol er mwyn sicrhau hyn!

Wedi'r gwasanaeth ceir swper arbennig a bydd y côr yn canu bendith Gymraeg o falconi'r neuadd Duduraidd cyn i bawb fwyta. Bydd mwy o gennin Pedr y garddwr yn addurno pob bwrdd, ac mae'r fwydlen fel arfer yn cynnwys bwydydd Cymreig traddodiadol. Cawl cennin i gychwyn, cig oen fel prif gwrs, a phwdin go arbennig. Dim ond ar Ddydd Gŵyl Dewi y gweinir pwdin Watkin Williams-Wynn yng Ngholeg yr Iesu. Fe'i henwir ar ôl y gwleidydd o Fodelwyddan oedd yn fyfyriwr yn y coleg yn y ddeunawfed ganrif, ac mae'n bwdin sbwng traddodiadol gyda blas lemwn neu oren.

Wedi'r swper hwn ar noson Gŵyl Ddewi, cynhelir swper blynyddol Cymdeithas Dafydd ap Gwilym. Dyma gymdeithas Gymraeg y brifysgol, sefydlwyd yn 1886, ac mae enwogion fel Syr Ifan ab Owen

Coleg yr Iesu, Rhydychen
a chopi o daflen ddathlu yn 2010

**GWASANAETH
GŴYL DEWI**

1 Mawrth 2010 · 5.30 yr hwyr

Jesus College

1. *Cennin Pedr yng Ngholeg yr Iesu; 2. Pwdin Watkin Williams-Wynn. Dim ond ar ddydd Gŵyl Dewi bydd yn cael ei weini; 3 a 4. Eisteddfod Cymdeithas Dafydd ap Gwilym 2018*

Edwards, Gwynfor Evans a Rhodri Morgan ymhlith cyn-aelodau 'y Dafydd'. Mae'r swper hwn yn gyfle i Gymry holl golegau'r brifysgol ddod at ei gilydd, ynghyd â rhai o drigolion Cymraeg y ddinas. Fel arfer bydd siaradwr gwadd, ac mae gwesteion diweddar yn cynnwys Gwyneth Glyn, Geraint Talfan Davies a Ben Lake, sydd oll yn gyn-aelodau.

Mae'r gymdeithas hefyd wedi adfer y traddodiad o gael eisteddfod flynyddol, ac fel arfer caiff ei chynnal ar benwythnos o gwmpas cyfnod Gŵyl Ddewi. Yn ogystal â pherfformiadau a darlleniadau gan aelodau'r gymdeithas, mae'r Dafydd yn gwahodd disgyblion chweched dosbarth yng Nghymru i gystadlu ar dair cystadleuaeth – Llenyddiaeth Iaith Gyntaf, Barddoniaeth Iaith Gyntaf a'r Gystadleuaeth Ail Iaith. Bydd y buddugwyr yn cael gwahoddiad i Rydychen i gael eu hanrhydeddu fel rhan o'r seremoni. Weithiau caiff yr eisteddfod ei chynnal mewn lleoliadau eithaf anghyffredin – yn 2018 roedd y seremoni yn nhafarn y Mitre yn y ddinas.

A hithau'n gymdeithas â chymaint o hanes, mae ambell draddodiad difyr wedi parhau. Mae gan y Gymdeithas ei chleddyf seremonïol ei hun, fu ar goll am ddegawdau cyn cael ei ddarganfod mewn sied yng ngardd cyn-aelod yn 2012. Un peth arall anghyffredin yw enwau swyddogion y gymdeithas. Y 'Caplan' sy'n gyfrifol am gadeirio'r gymdeithas am y flwyddyn a threfnu'r cyfarfodydd, ond gan yr 'Archarogldarthydd' mae'r swydd bwysicaf un ... trefnu'r cinio Gŵyl Ddewi blynyddol, wrth gwrs!

Dewi yn Disneyland

Un o'r llefydd mwyaf annisgwyl caiff Dydd Gŵyl Dewi ei ddathlu yw Disneyland Paris, sy'n cynnal 'Saint David's Welsh Weekend' pob mis Mawrth.

Mae pum cystadleuydd sy'n dod i'r brig ar lwyfan Eisteddfod yr Urdd yn cael eu dewis ar hap i fynd i gynrychioli Cymru yn yr Ŵyl Gymreig yn Disneyland, Paris. Yno, maent yn cael y cyfle i berfformio o flaen cannoedd o bobl – a hynny trwy gyfrwng y Gymraeg! Mae Disneyland yn enwog am roi tipyn o sioe i'w gwesteion, a bydd pob math o ddawnswyr ychwanegol a golau a thafluniau arbennig yn cael eu defnyddio yn ystod y perfformiad.

Yn ystod yr Ŵyl Gymreig, mae parc Disneyland yn llawn cennin Pedr, perfformiadau o Gymru, a cherddoriaeth Gymreig yn cael ei chwarae ar y system sain ledled y parc. Bydd ardal pentref Disney'r parc yn cael ei gweddnewid, ac yn llawn stondinau'n gwerthu crefftau Cymreig traddodiadol. Mae draig goch Cymru'n cael lle blaenllaw ar gastell Disney, a bydd y sioe dân gwyllt fawreddog sy'n defnyddio'r lliwiau coch, gwyn a gwyrdd ar y nos Sadwrn yn goron ar y penwythnos.

Mae'r pum cystadleuydd lwcus yn cael gwyliau am ddim yn Disneyland – dyma ffordd unigryw o ddathlu Gŵyl Ddewi!

Y teulu Thomas o Lanrwst yn mwynhau dathlu'r ŵyl yn Disneyland

Gŵyl Ddewi Heddiw

*Plant Ysgol Hook yn ne Penfro yn
dathlu'r diwrnod cenedlaethol*

Gorymdeithiau ... neu Barêds?

Erbyn heddiw mae gorymdeithiau Gŵyl Ddewi'n boblogaidd iawn ar hyd a lled y wlad gydag oddeutu ugain yn cael eu cynnal bob blwyddyn, llawer ohonynt o dan arweiniaeth y Mentrau Iaith. Er mai arfer gweddol newydd yw hwn, gyda'r orymdaith genedlaethol gyntaf yn cael ei chynnal yng Nghaerdydd yn 2004, mae yna hanes tipyn hŷn i'r arfer o orymdeithio ar ddyddiau gŵyl yma yng Nghymru.

Rhwng 1830 a dechrau'r Rhyfel Mawr oedd oes aur yr arfer hwn, gyda gorymdeithiau lu ar draws Cymru i ddathlu'r Nadolig, y Pasg, y Sulgwyn a chanol haf, ymysg digwyddiadau eraill, a nifer yn ymgasglu i wylio'r bwrlwm. Wrth i'r mudiad llafur dyfu mewn poblogrwydd, aethant ati i efelychu'r traddodiad, ac ar Fai'r cyntaf byddai gorymdeithiau trefnus o weithwyr yn ceisio ennill parch y gymuned a chefnogaeth i'w hachos. Bu ambell orymdaith ar gyfer croesawu enwogion i lefydd hefyd, megis yr orymdaith enfawr yn Abertawe yn 1887 pan ddaeth Gladstone i ymweld â'r dref.

Roedd ambell dref yn cynnal gorymdaith ar Ddydd Gŵyl Dewi, ond roedd yr arferiad yn fwy cyffredin yn Lerpwl a Llundain fel ffordd i'r Cymry ar wasgar yno ddathlu eu hunaniaeth. Digwyddiadau digon 'parchus' oedd y rhan fwyaf o'r gorymdeithiau yma, gyda'r dorf i gyd yn eu dillad dydd Sul gorau, ond roedd rhai elfennau o garnifal i'w gweld yn y dathliadau yn achlysurol – byddai rhai mewn gwisgoedd lliwgar, a'r strydoedd yn cael eu haddurno â baneri a rhubannau.

Wedi'r rhyfel, dirywiodd y traddodiad, yn enwedig wedi dyfodiad y car a'r prysurdeb ddaeth i'n strydoedd yn ei sgil. Fodd bynnag, mae'r traddodiad yn ffynu eto erbyn hyn, a channoedd ar filoedd yn cerdded y strydoedd i ddathlu'n nawddsant ar ddechrau Mawrth. Mae cryn dipyn o anghytuno ar beth i alw'r arfer – 'gorymdaith' sydd yn cael ei chynnal yng Nghaerdydd, ond 'parêd' mewn llefydd eraill megis Aberystwyth a Phwllheli. Beth bynnag fo'r enw, mae adfer yr hen draddodiad hwn yn gyfle gwych i ddathlu'n diwylliant fel cenedl a dangos ein balchder ar ein strydoedd, yn ogystal â chychwyn arferion newydd.

DATHLU GŴYL DDEWI YN Y WLADFA

Dyma ddarlun o orymdaith yr Urdd, ar ddydd Gŵyl Dewi, yn y Wladfa, tua'r flwyddyn 1933. Yr wyf yn cofio fel y byddem yn gorymdeithio, ar ddiwrnod lleithiol o borth, gyda baneri'r gwahanol adrannau. Bu paratoi mawr ar gyfer y diwrnod arbennig hwn. Rhaid oedd i bob aelod fod yng ngwisg yr Urdd – y Coop yn brysur yn gwerthu defnydd lliw gwyrdd at y sgertiau, a gwyn i wneud y flows – a'r mamau'n brysur yn gwnïo.

Gwelwch ddarlun o fachgen ifanc yn y canol wedi ei wisgo fel Dewi Sant, yn arwain yr orymdaith. Robert Talwyn Evans oedd ei enw, mab i Barbra Llwyd Evans a hanai o Ddolwyddelan.

Ar ôl teithio am tua dwy filltir, gallwch ddychmygu mor falch oeddem ni'r plant o gael cyrraedd Capel Seion, Bryn Gwyn, erbyn y parti, a mwynhau y danteithion a oedd wedi eu gosod i ni yn barod ar y byrddau; ac yna, gyda'r nos cael Noson Lawen hwyliog gan aelodau'r gwahanol adrannau.

Yr oedd y Gymdeithas Gymraeg yn flodeuog iawn y blynyddoedd a chyfarfod â llu o gyfeillion o bell ac agos. Yr oedd gwledd o swper i bawb, ac adloniant i ddilyn, erbyn hyn, yn ddwy-ieithog.

Profiad emosiynol iawn oedd edrych ar y dyrfa yn dathlu Gŵyl ein Sant, gan gofio na fu fawr neb ohonynt erioed yng Nghymru. Y

Gŵyl Ddewi ym Mhatagonia.

Yno yr oeddym yn deulu hapus, hamddenol; nid oed neb ar frys i fynd adref – hwn a hon, yma ac acw yn dechrau canu rhai o alawon gwerin Cymru, a phawb yn ymuno yn yr hwyl.

Y mae'r Wladfa wedi newid llawer ond oherwydd ei safle ddaearyddol, a'i phellter o'r

tawel oedd yn nodweddiadol o'r sefydliad yn dal yno o hyd, fel y canodd Deiniol, un o feirdd y Wladfa i'r Archentwyr:

> Mor ddiddig a bodlon ei fyd,
> Ni fallai am gyflog, na gwaith,
> Gall gladdu'i bryderon i gyd
> Mewn moment dan laitsen o baith.

EIDDWEN HUMPHREYS

Dathliadau Caerdydd

Ers pymtheg mlynedd, mae gorymdaith fawreddog i'w gweld a'i chlywed ar strydoedd Caerdydd ar Fawrth y cyntaf yn flynyddol. Cychwynnodd yr Orymdaith Genedlaethol yn 2004, wedi i Henry Jones-Davies a Gareth Westacott ymweld â Chilmeri, safle marwolaeth Llywelyn ein Llyw Olaf, a phenderfynu bod angen dathlu hunaniaeth Gymreig drwy gael gorymdaith ar ddydd ein nawddsant. Daeth oddeutu 200 o bobl i'r orymdaith gyntaf y flwyddyn honno, gyda gwleidyddion a ffigyrau cyhoeddus fel Hywel Teifi Edwards yn eu mysg.

Erbyn 2008 roedd yr orymdaith wedi tyfu i gynnwys dros 6,000 o bobl, a ffurfiwyd partneriaeth rhwng Cyngor Caerdydd, y Cynulliad a phwyllgor yr Orymdaith Genedlaethol. Mae'r orymdaith yn ddigwyddiad swnllyd, lliwgar ac amlddiwylliannol, gydag amryw o gymunedau Caerdydd yn cael eu cynrychioli.

Parhaodd yr orymdaith i dyfu, gyda

band o chwaraewyr pibau a dawnswyr o Lydaw yn dod i ymuno, ac ers 2011 mae'r cewri o blith enwogion a chymeriadau Cymreig yn rhan o'r dathliadau. Pob blwyddyn bydd 'Dewi Sant' yn arwain yr orymdaith, a llawer yn taro clychau dur trwm wrth gerdded. Am un bore bob mis Mawrth, mae strydoedd ein prifddinas yn fwy byrlymus nag arfer, wrth i genedl uno i gofio Dewi Sant.

1. Dawnswyr o flaen y Cynulliad;
2. a 3. Baneri lliwgar yn rhan o'r orymdaith

'Cenwch y Clychau i Dewi' – Anthem Newydd Dydd Gŵyl Dewi

Gwenno Dafydd yw 'Llysgennad Dydd Gŵyl Dewi' y byd. Ers blynyddoedd mae hi wedi bod yn gweithio'n ddiwyd i drefnu pob math o ddigwyddiadau a chynlluniau er mwyn hyrwyddo dathliadau diwrnod ein nawddsant ledled Cymru a'r byd. Am gyfnod bu ynghlwm â'r Orymdaith Gŵyl Ddewi Genedlaethol a gynhelir yng Nghaerdydd, ond mae bellach yn canolbwyntio ar ddau brosiect penodol – Anthem Dydd Gŵyl Dewi a Baneri Sirol.

Wrth gymeryd rhan yn yr orymdaith yn 2005, oedd yn teithio o dafarn y Mochyn Du i'r Amgueddfa Genedlaethol, a hithau'n cerdded wrth daro cloch ddur drom yn debyg i'r rhai ddefnyddiwyd yng nghyfnod Dewi Sant, daeth syniad 'fel mellten' i daro Gwenno. Roedd angen creu anthem arbennig ar gyfer Dydd Gŵyl Dewi. Aeth ati i ysgrifennu'r geiriau, a chyfansoddodd Heulwen Thomas yr alaw. Yn 2006, perfformiodd y ddwy 'Cenwch y Clychau i Dewi' fel rhan o'r orymdaith, er mai dim ond un pennill a chytgan yn Gymraeg a Saesneg oedd gan y gân ar y pryd.

Yn 2007 roedd y gân yn gyflawn. Y flwyddyn honno perfformiodd Ysgol Treganna 'Canwch y Clychau i Dewi' tu allan i dafarn y Mochyn Du ar ddechrau'r orymdaith genedlaethol. Yna, ar ei diwedd, wrth yr Amgueddfa Genedlaethol ym Mharc Cathays, perfformiwyd y gân gan Gwenno a disgyblion Ysgol Mountstuart. Erbyn 2008 fe lansiwyd y recordiad cyntaf ohoni gan Ysgol Pen-y-garth yn y Cynulliad, ac fel rhan o ddathliadau'r wŷl y flwyddyn honno, perfformiwyd y gân yn Eglwys Gadeiriol Llandaf.

2009 oedd y flwyddyn gyntaf i'r gân 'Cenwch y Clychau i Dewi' gael ei disgrifio fel 'anthem' ac fe gomisiynwyd Eilir Owen Griffiths, enillydd Tlws y Cerddor yn Eisteddfod Caerdydd 2008, i greu tri threfniant newydd ohoni. Lansiwyd y sgôr yn ddigidol ar-lein gan y Lolfa – dyma'r gân Gymraeg gyntaf i gael ei chynnig fel lawrlwythiad yn y ffurf yma. Cyhoeddwyd pedwar fersiwn o'r gân a'u rhoi'n rhoddion i'r cantorion canlynol:

Piano a llais – Bryn Terfel
TTB – *Only Men Aloud*
SATB – Côr Abergwaun
SSA – Côr Seiriol

Erbyn heddiw, mae'r pedwar trefniant o'r gân ar gael o wefan Tŷ Cerdd. Mae'r anthem 'Cenwch y Clychau i Dewi' wedi cael ei pherfformio ledled y byd – yn Eglwys Tyddewi, San Steffan, Disneyland Paris, Patagonia, a hyd yn oed mor bell â Chanada!

1. *Cyfansoddwyr yr anthem Heulwen Thomas (cerddoriaeth) a Gwenno Dafydd (geiriau);*
2. *Plant Ysgol Mountstuart yn canu'r anthem*

Baneri Sirol

Yn 2007, bu Gwenno Dafydd mewn parêd San Padrig yn Birmingham, a chael ei hysbrydoli gan y baneri sirol lliwgar oedd yn rhan o'r orymdaith. Penderfynodd fod angen cael rhai tebyg ar gyfer gorymdeithiau Dydd Gŵyl Dewi yng Nghymru.

Sir Benfro oedd y sir gyntaf i dderbyn yr her, ac fe ddyluniwyd y cynllun ar gyfer y faner gan yr artistiaid Audrey Walker ac Eirian Short. Y briff oedd fod angen i'r faner adlewyrchu Sir Benfro, yr eglwys gadeiriol yn Nhyddewi, a geiriau a symboliaeth y gân 'Cenwch y Clychau i Dewi'. Bu nifer o aelodau cangen Sir Benfro o Urdd y Brodweithwyr yn gweithio'n ddiwyd ar y gwnïo am bron i chwe mis, a lansiwyd y faner yn y Cynulliad yn 2009. Roedd y faner mor fawr a thrwm nes bod angen chwech o bobl i'w chario wrth orymdeithio. Y gobaith oedd cael cartref parhaol i'r faner, ac wedi cyfarfod gyda'r Esgob Wyn Evans, penderfynwyd y câi ei chadw yn yr Eglwys Gadeiriol yn Nhyddewi, a chafwyd 'gwasanaeth ymgartrefu' i ddathlu.

Mae nifer o elfennau symbolaidd pwysig i'r faner:

- **'Cenwch y clychau i Dewi'** – geiriau cân Gwenno Dafydd. Mae clychau ar y faner sy'n canu wrth iddi gael ei chario.
- **'Heidiwch i'r cwch fel gwenyn'** – mae gwenyn yn bwysig ym mytholeg y Celtiaid, ac fe'u cysylltir â Dewi Sant mewn sawl chwedl. Ar y faner maent yn symbol o'r Cymry ar wasgar.
- **'Gnewch y pethau bychain'** – geiriau olaf Dewi Sant, yn ôl rhai. Mae hadau ar y faner yn tyfu ac yn hau gweithredoedd da.
- **Y môr** – nodwedd bwysig yn Sir Benfro.
- **Patrwm bwrdd gwyddbwyll** – gwelir y patrwm hwn yn waliau Palas yr Esgob yn Nhyddewi.
- **Y lliw** – Mae'r brodwaith wedi'i osod ar gefndir sy'n adlewyrchu lliw'r garreg yn waliau'r Eglwys Gadeiriol.

Heddiw, Ddoe a Gŵyl Ddewi

Bellach mae dwy sir arall, Sir Drefaldwyn a Sir Gâr, wedi creu eu baneri eu hunain. Mae themâu tebyg ym mhob un – lliwiau du a melyn, y wenynen, a geiriau'r gân. Mae gobaith y bydd baner debyg yn cael ei chreu ym Mhatagonia, a hefyd ym Mhen Llŷn.

Prosiect nesaf Gwenno yw annog ysgolion i greu eu baneri eu hunain, a chynnal gorymdeithiau ar yr iard neu yn y neuadd ar Ddydd Gŵyl Dewi. Ysgol Cwmgors oedd yr ysgol gyntaf i greu baner yn 2014, ac mae bellach wedi'i derbyn i gasgliad Amgueddfa Werin Sain Ffagan.

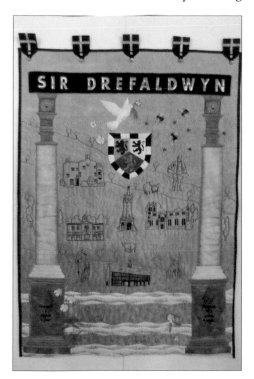
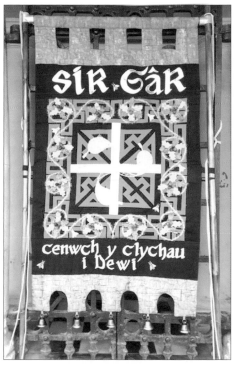

Parêd Aberystwyth

Sefydlwyd Parêd Aberystwyth yn 2013 fel ymateb i ganlyniadau siomedig Cyfrifiad 2011, oedd yn dangos fod cwymp yn nifer y siaradwyr Cymraeg yng Nghymru. Roedd criw o bobl yn teimlo bod angen hwb a digwyddiad i ddathlu ein bod ni fel Cymry 'yma o hyd', ac i ddyrchafu'r iaith Gymraeg ar ddydd ein nawddsant.

Ers sefydlu'r parêd, pob blwyddyn bydd un o bobl flaenllaw'r dref yn cael ei ddewis fel 'Tywysydd' i arwain y parêd ac annerch y dyrfa. Dyma gyfle trigolion Aberystwyth i ddangos eu diolch a'u gwerthfawrogiad fel cymuned i'r rhai sydd wedi gwneud cyfraniad bwysig i iaith a diwylliant Cymru. Ymysg Tywyswyr y gorffennol mae'r cerddor a'r awdur Meredydd Evans, sylfaenwyr Siop y Pethe Megan a Gwilym Tudur, a'r artist Mary Lloyd Jones. Tywysydd 2018 oedd yr awdur a'r cyhoeddwr Ned Thomas, ac yn ei anerchiad soniodd am bwysigrwydd y parêd fel cyfle i ymfalchïo yn ein hetifeddiaeth fel Cymry, ond hefyd i 'feithrin yr hyder gymdeithasol newydd ynom fel dinasyddion'.

Bydd y Tywysydd yn gwisgo sash arbennig a wnaed ar gyfer yr achlysur gan Caroline Goodbrand o'r Borth sy'n cynnwys enwau cyn-dywyswyr, ac yn cario 'ffon barch'. Mae'r ffon barch yn seiliedig ar draddodiad y *makila* o Wlad y Basg, lle mae'r ffon yn symbol o awdurdod a chryfder. Bydd y Tywysydd yn cael cadw'r ffon, sy'n cael ei naddu gan Hywel Evans o bentref Capel Dewi ger Aberystwyth.

Mae'r parêd yn rhan o ddiwrnod ehangach o ddigwyddiadau – fel arfer bydd amryw o berfformiadau cerddorol yn digwydd yn y dref, ynghyd â gweithdai crefft i deuluoedd, a sesiynau arwyddo llyfrau mewn siopau. Yn y prynhawn bydd gig a sesiwn werin yn nhafarn yr Hen Lew Du, a bydd siopau'r dref hefyd yn addurno'u ffenestri ar gyfer yr achlysur.

1. Tyrfa 2018; 2. Ned Thomas yn cario'r
ffon barch ac yn gwisgo sash

Parêd Pwllheli

Ym mis Medi 2013, cyhoeddodd Rhys Llewelyn lythyr ym mhapur newydd *Llanw Llŷn* yn datgan ei fwriad i drefnu Parêd Dewi Sant ym Mhwllheli'r flwyddyn ganlynol. Roedd wedi'i ysbrydoli gan ddathliadau yn Norwy, lle mae pobl yn dathlu eu hunaniaeth trwy orymdeithio a gwisgo gwisgoedd traddodiadol ar Fai 17 bob blwyddyn, ac eisiau creu cyfle i drigolion Pen Llŷn ddathlu eu Cymreictod â balchder. Ei fwriad oedd creu gorymdaith liwgar mewn partneriaeth ag ysgolion a mudiadau a chymdeithasau lleol fel y Ffermwyr Ifanc, yr Urdd, clybiau chwaraeon a phapurau'r fro. Aeth ati i lunio pwyllgor, a chynhaliwyd Parêd Dewi Sant Pwllheli am y tro cyntaf ar Fawrth y cyntaf, 2014.

Roedd dros wyth gant o bobl yn bresennol yn y parêd cyntaf, ynghyd â gwestai arbennig – hwyaid Harlequin Cymreig, brid anghyffredin sy'n gynhenid i'r ardal. Dathlwyd y cysylltiadau rhwng Cymru a Phatagonia, gyda phlant yn gwisgo crysau'r Ariannin yn ogystal â rhai Cymru, gan fod pentref Nefyn ar y penrhyn wedi'i efeillio a Phorth Madryn.

Cafwyd perfformiadau ar ddiwedd y parêd gan Fand Chwythbrennau Pwllheli, dawnswyr gwerin Ysgol Foel Gron a pharti llefaru o Ysgol Glan y Môr.

Y flwyddyn ganlynol, cynhaliwyd cystadleuaeth 'baner Cymreictod' i annog plant oed cynradd i greu baneri arbennig ar gyfer y parêd. Roedd hi'n flwyddyn swnllyd, gyda grŵp drymio Batala Bangor a chwaraewr pibgorn yn cymryd rhan. Fel y flwyddyn cynt, roedd llawer o hyrwyddo i'r parêd ar hyd a lled Pen Llŷn yn yr wythnosau cynt, gydag arwyddion arbennig ar gael i fusnesau annog eu cwsmeriaid i ddefnyddio'u Cymraeg.

Parhau i dyfu wnaeth y parêd, gyda phob math o ychwanegiadau difyr bob blwyddyn. Yn 2016, roedd gwobrau 'Sêr Dewi Sant' yn cael eu rhoi i'r gwisgoedd gorau ar y dydd. Gwnaethpwyd ymgais hefyd i sicrhau fod y parêd yn ddathliad mor gynhwysol â phosib, gyda thaflen wedi'i hanelu at gymuned ryngwladol yr ardal yn cael ei lansio. Roedd hon yn

Bwrlwm Parêd 2016

cynnwys esboniad o'r parêd mewn chwe iaith wahanol – Cymraeg, Saesneg, Pwylcg, Latfieg, Rwmaneg a Bwlgareg.

Ar ôl llwyddiant cynnwys tractorau'n ran o'r parêd yn 2016, ychwanegwyd ceffyl a throl yn 2017. Yn y flwyddyn hon hefyd lansiodd Dewi Pws 'Cân y Parêd', sef cân arbennig i ysgolion cynradd yr ardal, a chafwyd 'Stomp Dewi Sant' fel cystadleuaeth ganu rhwng ysgolion ardaloedd gwahanol ar ddiwedd y parêd.

Yn anffodus, oherwydd eira mawr 2018 bu'n rhaid canslo'r parêd, ond yn ffodus i drigolion Pen Llŷn, roedd amryw o ddigwyddiadau eraill i ddathlu Dydd Gŵyl Dewi wedi'u trefnu, a digon o ddanteithion blasus i'w mwynhau fel rhan o Tapas Llŷn.

Tapas Llŷn

Law yn llaw â lansiad y parêd ym Mhwllheli yn 2014, sefydlwyd y gystadleuaeth Tapas Llŷn. Prydau bach neu fyrbrydau sy'n cael eu cysylltu â Sbaen yw tapas, a gallant fod yn boeth neu'n oer. Fel arfer, mae pobl yn dewis gwahanol fathau o dapas a'u cyfuno i wneud pryd llawn. Caiff prydau tebyg hefyd eu gweini o dan yr enw *bocas* yng Nghanolbarth America, a *picada* yn yr Ariannin – dyma ffordd ryngwladol i ddathlu cynnyrch a chynhwysion Cymreig, felly.

Yn y flwyddyn gyntaf, y dasg oedd creu rysáit tapas ag enw Cymraeg bachog oedd yn cynnwys cynhwysion lleol. Roedd pedwar categori oed yn y gystadleuaeth – cynradd, uwchradd, chweched dosbarth, ac oedolion – a dewiswyd yr enillwyr gan y cogydd Dudley Newbery. Yna, yn yr wythnos cyn Dydd Gŵyl Dewi cynhaliwyd Wythnos Tapas Llŷn, gyda busnesau lleol yn gwerthu'r tapas wedi'u creu o'r ryseitiau buddugol.

Yn 2015, y sialens oedd creu rysáit *empanada*. Math o bastai o'r Ariannin yw *empanada*, ac roedd yn rhaid i'r cystadleuwyr gynnwys o leiaf dau gynhwysyn lleol yn eu rysáit. 'Pastai Patagonia' gan Nel Mair Jones o Bwllheli oedd yn fuddugol, a'r tro hwn cynhaliwyd Pythefnos o Dapas Llŷn – gan roi'r cyfle i brofi'r byrbrydau blasus ddwywaith!

Bellach mae'r bwytai sy'n cymryd rhan yn dewis eu ryseitiau eu hunain, gan ddal i gadw at y rheol o roi enwau Cymraeg a defnyddio cynhwysion lleol. Pob mis Chwefror bellach, am wythnos neu ddwy, mae'n bosib cael profi darn bach o Sbaen (â sawr Cymreig) ar hyd a lled y penrhyn.

Cystadleuaeth Ffenestri Siopau

Cystadleuaeth arall sy'n dod â lliw i strydoedd Pwllheli ar gyfer Dydd Gŵyl Dewi yn flynyddol yw'r gystadleuaeth ffenestri siopau. Y sialens yw addurno'r ffenest i ddathlu Cymru, ac mae pob math o syniadau creadigol i'w gweld bob blwyddyn – cennin Pedr, baneri, dreigiau, balwnau a rhubannau!

Ffenest Cwmni Teithio Pwllheli sy'n gyson yn y 3 uchaf yn y gystadleuaeth

Cân i Gymru

Mynd allan am swper Gŵyl Ddewi, neu fynychu eisteddfod neu gyngerdd y mae rhai ar noson Mawrth y 1af, ond mae gwledd gerddorol ar gael i'r rhai sy'n dewis aros adref. Pob blwyddyn, mae S4C yn darlledu cystadleuaeth *Cân i Gymru* ar noswyl Gŵyl Ddewi, wrth i gyfansoddwyr a pherfformwyr Cymru gystadlu i ennill gwobr ariannol.

'Cân Disg a Dawn' oedd enw'r gystadleuaeth wreididiol a sefydlwyd yn 1969 gan Dr Meredydd Evans (Merêd) pan oedd yn bennaeth adloniant ysgafn BBC Cymru. Y bwriad oedd y byddai'r gystadleuaeth yn dewis cynrychiolydd o Gymru ar gyfer cystadleuaeth Eurovision, ond dywedodd y BBC mai dim ond un gân o'r Deyrnas Unedig gâi fynd i gystadlu.

Ar ôl sefydlu'r Ŵyl Ban Geltaidd ar ddechrau'r saithdegau, penderfynwyd byddai'r gystadleuaeth yn dewis cynrychiolydd Cymru ar gyfer cystadleuaeth cân boblogaidd oedd yn rhan o'r ŵyl. Ailsefydlwyd y gystadleuaeth fel 'Cân i Gymru' yn 1974. Ychydig iawn o ddiddordeb oedd gan y cyfryngau Cymreig yn y gystadleuaeth ar y pryd – doedd dim darllediad byw ar y teledu. Panel, yn hytrach na'r cyhoedd, oedd yn dewis yr enillwyr.

Darlledwyd y gystadleuaeth ar y teledu am y tro cyntaf yn 1982, pan ddewisodd y panel 'Nid Llwynog oedd yr Haul' yn enillydd. Erbyn heddiw, y cyhoedd sy'n dewis yr enillwyr drwy bleidleisio dros y ffôn neu drwy neges destun. Mae'r enillwyr yn dal i fynd i Iwerddon i gynrychioli Cymru pob blwyddyn, ac wedi cael cryn lwyddiant dros y blynyddoedd – Cymru sydd wedi ennill y gystadleuaeth y mwyaf o weithiau, gyda 15 buddugoliaeth.

Lluniau o gystadleuaeth 2017

Gŵyl Ddewi – Gŵyl Banc?

Prin iawn yw'r gwledydd ar draws y byd sydd ddim yn dathlu diwrnodau cenedlaethol gyda diwrnod o wyliau. Mae'r Alban yn cynnal gŵyl banc ar ddydd Gŵyl San Andreas ar Dachwedd 30, a'r Gwyddelod yn dathlu Gŵyl San Padrig ar Fawrth 17 pob blwyddyn, ac mae gwyliau banc ar ddiwrnodau cenedlaethol yr Unol Daleithiau, Ffrainc, Sbaen, yr Eidal ac Awstralia, ymysg gwledydd eraill. Yn 2000, pleidleisiodd Cynulliad Cymru yn unfryd dros wneud Dydd Gŵyl Dewi yn ŵyl banc swyddogol yng Nghymru, ond er bod llawer iawn o gefnogaeth gyhoeddus i'r achos, nid yw'r llywodraeth yn San Steffan wedi cymeradwyo hyn.

Caiff y mater ei drafod fel rhan o'r Ddadl Gŵyl Ddewi yn Nhŷ'r Cyffredin yn flynyddol, fwy neu lai, ac mae nifer o ddeisebau'n galw am ŵyl banc ar Fawrth y cyntaf. Dangosodd pôl piniwn yn 2006 fod 87% o Gymry yn gefnogol o gael gŵyl banc i ddathlu, gyda'r ffigwr yn codi i 96% erbyn pôl piniwn arall yn 2016. Er i'r Prif Weinidog Llafur, Tony Blair, wrthod y syniad yn 2007, erbyn Etholiad Cyffredinol 2017 roedd cael gŵyl banc i ddathlu Gŵyl Ddewi yn un o addewidion maniffesto'r blaid o dan arweiniaeth Jeremy Corbyn.

Gyda'r drafodaeth yn cylchdroi yn ei hunfan ers blynyddoedd lawer bellach, mae rhai mudiadau wedi cymryd eu camau eu hunain i gydnabod yr ŵyl. Mae Urdd Gobaith Cymru wedi cyhoeddi bydd Mawrth y cyntaf yn ddiwrnod swyddogol o wyliau i bob aelod o staff er mwyn dathlu Dydd Gŵyl Dewi.

Yn ôl Siân Lewis, Prif Weithredwr Urdd Gobaith Cymru:

'Mae'r penderfyniad yn garreg filltir i ni. Fel mudiad cenedlaethol sy'n annog plant a phobl ifanc i gymryd balchder yn eu gwlad, eu hiaith a'u diwylliant, mae'n bwysig ein bod yn arwain drwy esiampl drwy arddel ein hunaniaeth a dathlu hynny. Yn yr hinsawdd bresennol, mae'n angenrheidiol i ni fod yn flaengar a hyderus yn ein hunaniaeth, ac mae Dydd Gŵyl Dewi yn rhan annatod o'n hanes a'n diwylliant. Trwy gael diwrnod yn rhydd o'r gwaith, mae'n gyfle i'n staff ddathlu'r achlysur gyda theulu a ffrindiau yn eu cymunedau lleol neu mewn digwyddiadau cenedlaethol.'

Gobaith yr Urdd yw y bydd sefydliadau a mudiadau eraill yn gwneud yr un fath er mwyn creu dathliad cenedlaethol. Tybed faint fydd yn gwneud, ac a fydd Cymru'n cael gŵyl banc swyddogol ar Fawrth y cyntaf ryw bryd yn y dyfodol?

Dathliadau yn Nyffryn Aman

Cydnabyddiaeth

Hoffai'r wasg ddiolch o galon i'r canlynol am y defnydd o'u lluniau ar y tudalennau canlynol:

Cymru'r Plant – 23, 45
Gwenno Dafydd – 2, 91, 94, 95 (dde)
Mair Lloyd Davies – 50
DigiDo, Llyfrgell Genedlaethol Cymru – 20, 26, 27, 35, 57, 68
Iolo ap Gwynn – 97
Pat Higgins – 95 (chwith)
Iona Hughes – 69
Gaynor McMorrin – 93
Archifau Morgannwg – 43, 44, 51
Plu – 76, 77
Dewi Rhys – 30, 31
Ruth Thomas – 82, 83
Tinopolis – 103
Gwilym Tudur – 81
Urdd Gobaith Cymru – 66
Lois Llywelyn Williams – 80
Dewi Wyn – 49, 99, 100, 101
Ysgol y Ffin – 54, 55
Ysgol Gymraeg Llundain – 70, 71
Ysgol Hook – 84
Ysgol Treganna – 52, 53

Diolch hefyd i'r canlynol am eu cymorth: Gwenno Dafydd, Rhys Llewelyn, Urdd Gobaith Cymru, Ysgol y Ffin, Cymdeithas Dafydd ap Gwilym, Rhydychen.

CELC CYMRU

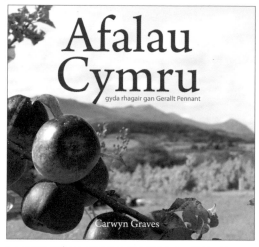

CELC CYMRU
– TEITLAU ERAILL YN Y GYFRES;

TESTUNAU CRYNO
A LLUNIAU LLIW LLAWN

www.carreg-gwalch.cymru

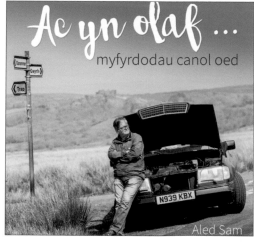

cerddi'r
Bugail

Hedd Wyn
(Ellis H. Evans 1887-1917)
cyflwyniad gan Gruffudd Antur

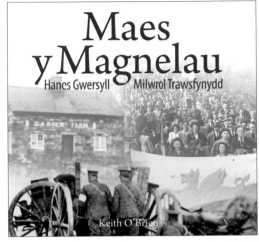

Maes
y Magnelau
Hanes Gwersyll Milwrol Trawsfynydd

Keith O'Brien

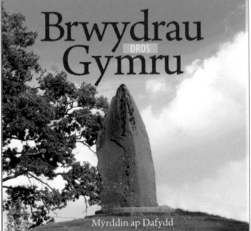

Brwydrau
DROS
Gymru

Myrddin ap Dafydd

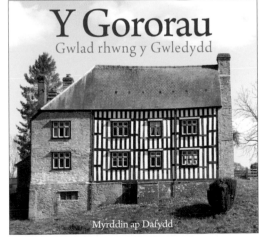

Y Gororau
Gwlad rhwng y Gwledydd

Myrddin ap Dafydd

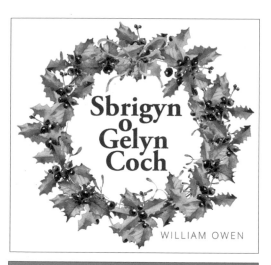

Sbrigyn
o
Gelyn
Coch

WILLIAM OWEN

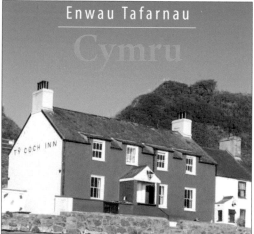

Enwau Tafarnau
Cymru

TŶ COCH INN